Índice

Margarita Borrero Blanco

Colombia

Un país adolescente

Textdossier für den Spanischunterricht

Reihe «Temas básicos»

Schmetterling Verlag

Bibliografische Informationen der Deutschen Nationalbibliothek:
Die Deutsche Nationalbibliothek verzeichnet diese Publikation in der Deutschen Nationalbibliografie; detaillierte Daten sind im Internet über http://dnb.d-nb.de abrufbar.

Geeignet für den Einsatz an allgemeinbildenden Schulen.

Schmetterling Verlag GmbH
Libanonstr. 72 A
70184 Stuttgart
www.schmetterling-verlag.de

ISBN3-89657-944-4
1. Auflage 2019
Printed in Poland

Satz und Reproduktionen: Schmetterling Verlag
Druck: Sowa, Warszawa

Introducción

Colombia, un país adolescente

Contradicciones de una nación joven

Con casi cincuenta millones de habitantes, la cuarta economía más fuerte de Latinoamérica es una nación llena de contradicciones: rica, pero con casi trece millones de ciudadanos en pobreza monetaria; biodiversa, pero con poblaciones enfermas y hambrientas, además de sumida en graves problemas de deforestación que amenazan su futuro; dueña de unos de los paisajes más espectaculares del mundo, pero cuyo potencial turístico no puede ser disfrutado debido a la inseguridad. Es un país de gente laboriosa e innovadora, pero su potencial se desperdicia por la desorganización y la falta de oportunidades equitativas; agobiado de leyes y decretos y, sin embargo, con un alto índice de impunidad; industrioso, pero obstaculizado por la delincuencia y la corrupción; respaldado por las prácticas democráticas gracias a la comunidad que ejerce su derecho al voto, pero con dirigentes que fracasan sistemáticamente en cumplir lo que han prometido.

Laboratorio de ilusiones fallidas que quiere hacer su edad media tranquilamente

Quizás la definición más precisa del país la ha dado Gabriel García Márquez, el premio Nobel de literatura colombiano y uno de los escritores hispanohablantes de mayor importancia en la historia universal de las letras: «Terminamos por ser un laboratorio de ilusiones fallidas. Nuestra virtud mayor es la creatividad, y sin embargo, no hemos hecho mucho más que vivir de doctrinas recalentadas y guerras ajenas, herederos de un Cristóbal Colón desventurado que nos encontró por casualidad cuando andaba buscando las Indias». Es también García Márquez quien pone en boca de su versión novelada de Simón Bolívar una súplica desesperada: «Déjennos hacer tranquilos nuestra Edad Media». Y también él quien se hace eco de una denuncia del escritor italiano Giovanni Papini: «América está hecha con los desperdicios de Europa».

Los grandes retos que enfrenta Colombia

Colombia tiene por delante la enorme tarea de construir y consolidar un sistema de organización social que le funcione, en el que los ciudadanos participen activamente, no solo yendo a las urnas cuando se les convoque, sino que se sientan parte del proceso y del país. Lo más importante es que haya lugar para todos, no solo en el papel, sino en la realidad; la inclusión de todos ha sido y sigue siendo su gran asignatura pendiente. Entre tanto, es una nación joven en muchos aspectos: conflictiva, inconforme, cambiante, en pleno proceso de crecimiento y de establecer su identidad… Si los países fueran personas, no sería descabellado decir que Colombia es un país adolescente.

1. Los pobladores desde la prehistoria hasta la actualidad

Primeros pobladores durante la Edad de Hielo

Los primeros asentamientos humanos en América y en Colombia datan de la Edad del Hielo. Existe un intenso debate en torno a la antigüedad del poblamiento de las Américas: actualmente la teoría más aceptada es que los habitantes del norte de Asia pasaron por el estrecho de Bering hacia el actual norte del continente americano entre 18000 y 14000 antes de nuestra era. Sin embargo, algunas dataciones apuntan a que los primeros hombres podrían haber llegado a América con algún milenio de anterioridad. Lo que sí se sabe con certeza es que en la Edad del Hielo el nivel del mar era más bajo y estaba congelado en algunas zonas, así que los primeros pobladores usarían el puente congelado para pasar de un continente a otro. Luego, algunos habrían descendido por las costas del Pacífico hasta el sur y otros, cruzado por el istmo de Panamá.

Hallazgos arqueológicos de las primeras sociedades

A su llegada encontraron amplios territorios ricos en sustento; durante milenios no necesitaron cultivar sino que vivieron de lo que les brindaba la naturaleza; eran sociedades cazadoras-recolectoras que vivían de la caza, la pesca y la recolección de frutos y verduras. Las primeras pruebas arqueológicas de su existencia son herramientas de piedra y restos de caza que datan del 10000 al 7000 antes de nuestra era. Destacan los restos líticos encontrados en El Abra (12460 a.C.). Existen indicios de que hubo pobladores en otros valles interiores e incluso en la Amazonía entre 8000 y 4000 a.C. Los principales asentamientos se encontraban cerca de los ríos, en las costas y en el altiplano cundiboyacense, en el centro del país. A la llegada de los europeos, a principios del siglo XVI, aún existían numerosas sociedades recolectoras.

Arqueología

Principal hallazgo arqueológico de Colombia

El hallazgo arqueológico más importante de Colombia es el conocido como *Homo del Tequendama* (6375 a.C.). Encontrado a unos cuarenta kilómetros al sur de Bogotá, es el esqueleto humano completo más antiguo del que se tenga registro en el país.

Hace unos 5000 años los pobladores empezaron a cultivar algunas plantas o se concentraron en zonas donde abundaban los animales fáciles de capturar o cazar, principalmente moluscos, crustáceos, tortugas y roedores. Otra de sus fuentes de alimentación eran tubérculos como la arracacha, la yautía y la yuca. Poco a poco formaron grupos de varias viviendas de carácter temporal a las que regresaban según los ciclos de lluvias. Los primeros restos de viviendas colectivas, llamadas malocas, datan del año 3000 a 2000 a.C. y se han encontrado en la costa Atlántica, principalmente en Monsú, Puerto Hormiga y San Jacinto.

Vocabulario

estrecho: paso angosto comprendido entre dos tierras y por el cual se comunica un mar con otro: el estrecho de Gibraltar, el de Magallanes, el de Bering...

istmo: franja alargada y estrecha de terreno que une dos continentes, dos partes diferenciadas de un continente, o una península y un continente; ejemplo: istmo de Panamá; istmo de Corinto

datación: determinación de la fecha en que surge o se produce una cosa (un escrito, un objeto, una obra, un acontecimiento, etc.), o de la edad de rocas, minerales, seres vivos o restos arqueológicos

lítico: de la piedra o relacionado con ella

moluscos: grupo de animales invertebrados, que carecen de columna vertebral, y que se caracterizan por poseer un cuerpo blando no segmentado, una bolsa que contiene las vísceras y un pie

crustáceos: animales artrópodos de respiración branquial, con dos pares de antenas, cubiertos por un caparazón generalmente calcificado, y que tienen un número variable de apéndices

tubérculos: tallos engrosados de una planta, generalmente subterráneos, que almacenan los nutrientes y contienen los brotes de los que crecerán nuevos tallos

arracacha: tubérculo de raíz, originario de América, que crece en tierras frías y cuya raíz tuberosa, gruesa y de color amarillo, se come cocida

yautía: planta herbácea, de la familia de las aráceas, originaria de América tropical

yuca: planta de América tropical cuya raíz es un tubérculo comestible

maloca: casa comunal ancestral, utilizada por los indígenas del Amazonas (especialmente denominada así en Colombia)

Léxico

¿Conoces las siguientes palabras? Une las palabras de la izquierda con su definición correcta correspondiente:

a. asentamiento	1. categoría de mamíferos, generalmente de pequeño porte
b. altiplano	2. quien se dedica a la recolección de frutos
c. yacimiento	3. periodo de mil años
d. recolector	4. meseta elevada
e. milenio	5. lugar donde se establece un grupo de individuos
f. roedor	6. sitio en el que se encuentran restos arqueológicos

Comprensión del texto

1. Preguntas sobre el texto:

   a) ¿Por qué el hombre prehistórico pudo pasar de Asia a América?

   ____

   ____

   b) ¿Qué es la Edad del Hielo?

   ____

   ____

   c) ¿Cuáles son las evidencias más antiguas de la presencia del hombre en América?

   ____

   ____

   d) ¿Cómo se llama el hallazgo arqueológico más importante de Colombia?

   ____

   ____

2. Di si las siguientes afirmaciones son verdaderas o falsas. Corrige las afirmaciones falsas.

   a) Hace unos 5000 años los habitantes de Colombia empezaron a cultivar plantas.

   ____

   b) No se han hallado indicios de que los antiguos pobladores llegaran a la Amazonía.

   ____

   c) Los primeros hombres que llegaron a América tuvieron que cultivar enseguida por que escaseaban los frutos, la caza y la pesca.

   ____

   d) Los grupos poblacionales emigraban según los ciclos de lluvias, así que construían viviendas temporales.

   ____

Etnias precolombinas

A la llegada de los europeos existían en Colombia unas 120 naciones en distintos niveles de organización que no estaban sometidas unas a otras y que se obedecían sólo a sí mismas. En el siglo XV, de las numerosas culturas indígenas que poblaban el territorio colombiano cabe destacar tres: la *chibcha,* ubicada en los altiplanos y zonas frías del centro del país y en la Sierra Nevada de Santa Marta, la *caribe,* localizada en el litoral del Océano Atlántico, y la *arawak,* en las regiones de los ríos Amazonas, Putumayo y Caquetá. Estas se dividían, a su vez, en subfamilias.

Los chibchas: taironas y muiscas

En Colombia no existía una nación unificada por la lengua y la cultura como en México o Perú. El término chibcha es una designación lingüística, aunque existían amplias diferencias en otros aspectos. No obstante, esta familia incluyó dos de los más notables grupos poblacionales de la Colombia precolombina: los taironas y los muiscas.

La Ciudad perdida de los taironas y su notable arquitectura

Los taironas fueron arquitectos notables y dejaron obras que incluso hoy resultan sorprendentes, comparables a las del Machu Picchu en Perú. Vivieron principalmente en las laderas bajas, a menos de 1000 metros sobre el nivel del mar de la Sierra Nevada de Santa Marta, en la costa Caribe. Estaban alejados de otros centros de civilización indígena. Aunque su territorio estaba densamente poblado, su extensión, demarcada por limitaciones de la naturaleza, impidió que se expandieran más. Una vez conquistados por los españoles fueron olvidados hasta los años setenta del siglo XX, cuando el descubrimiento de Buritaca –también conocida como Ciudad perdida– y los estudios sobre otros sitios ocupados por su cultura revelaron los logros de su civilización. En términos puramente cualitativos fueron uno de los pueblos amerindios más sobresalientes de la Colombia moderna.

La concentración de nativos más grande de América del Sur

Los muiscas eran el mayor grupo de la familia chibcha en el siglo XV. Estaban consolidados política y territorialmente en vísperas de la llegada de los europeos y se calcula que había cerca de 400000. Esto los convierte en la más grande concentración de americanos nativos localizada geográficamente entre el Imperio Inca en el sur y la civilización Maya en América Central.

Su centro era la actual ciudad de Bogotá, que entonces llamaban Bacatá, y estaban organizados en pequeñas aldeas al mando de un cacique. Algunos cacicazgos estaban agrupados bajo el mando de los principales líderes regionales, el Zipa de Bacatá y el Zaque de Hunza, la actual ciudad de Tunja. Los vínculos de sangre aseguraban la pertenencia de un individuo a una comunidad y el acceso a los recursos del territorio que habitaban.

Otros pueblos aborígenes

El diálogo con la naturaleza de otras tribus aborígenes

Existieron muchas otras culturas que, pese a su menor número de habitantes, merecen mención por distintas razones. Los arawak, situados en América del Sur y el Caribe, también conocidos como arahuacos por su lengua común, el arawak. Los caribe, fieros guerreros, ubicados en el norte de Colombia y en otras partes del mar Caribe, que fueron uno de los primeros pueblos americanos que conocieron los europeos. Los indios zenúes de La Mojana, notables ingenieros, que hace miles de años manejaban con canales el régimen de las inundaciones. Los paeces, excelentes agricultores, que alternaban los cultivos del piedemonte, de la vertiente y de las regiones altas, en un verdadero diálogo con la naturaleza. Por último, los u'wa, que no sólo sistematizaron en sus mitos la regularidad de la migración de las águilas, la secuencia de los peces en los ríos y las peculiaridades de los árboles y de la fauna de los bosques, sino que, además, elaboraron un sistema complejo para intercambiar los bienes de las tierras bajas, como sal y granos, con los bienes de las tierras altas, como los tejidos, fortaleciendo así la paz entre comunidades.

Vocabulario

litoral:	perteneciente o relativo a la orilla o costa del mar
precolombina:	época anterior a la llegada de Colón
ladera:	pendiente de una montaña o elevación del terreno por cualquiera de sus lados
demarcar:	determinar y marcar con claridad los límites de algo, especialmente de un país o un terreno
amerindio:	que pertenece a uno de los pueblos que habitaba el continente americano con anterioridad a la llegada de los europeos
cacicazgo:	forma de organización social y política de comunidades indígenas o tribales
piedemonte:	parte baja de un monte

Comprensión del texto

1. Encuentra en el texto estas frases y complétalas:

   a) Los u'wa sistematizaron en sus mitos la regularidad de la migración de las ____________________.

   b) Los principales líderes regionales eran el ____________________ de Bacatá y el ____________________ de Hunza.

   c) Los taironas fueron ____________________ notables y dejaron obras que incluso hoy resultan sorprendentes.

2. Responde a las siguientes preguntas:

   a) ¿Cuál era la tribu indígena más numerosa de Colombia a la llegada de los españoles?

   ____

b) ¿Qué lengua hablaban los arawak?

____

c) ¿Cuál fue la primera tribu amerindia que conocieron los europeos?

____

d) ¿Qué nombre dieron los antiguos muiscas a la ciudad de Bogotá?

____

3. ¿Qué tipo de comercio establecieron inicialmente los europeos con los indígenas? Infórmate con ayuda de Internet.

____

____

____

Lengua

Completa el texto con las siguientes palabras: **año**, **técnica**, **dividido**, **femeninas**, **rituales**. Utiliza un diccionario para averiguar el significado de las palabras que no conoces.

El museo del Oro en Bogotá, único en su género, figura en la lista de uno de los veinticinco más bellos del mundo. Tiene unas 34000 piezas y nos da una idea de la increíble riqueza de las culturas precolombinas. Está ______________ en tres plantas, con descripciones en español e inglés. Hay muchos animales representados en figurillas de oro, como jaguares, ranas, águilas, colibríes y murciélagos.
Una de las curiosidades del museo son las figurillas ______________, ya que demuestran la importancia de la mujer en la vida social de la comunidad Zenú, al norte del país.
Las exposiciones de la sala llamada Ofrendas, del tercer piso, explican cómo se usó el oro en los ______________. La más famosa es una miniatura de un barco de oro, llamada Balsa muisca. No está claro de qué ______________ data porque al ser solo de oro, sin ningún otro material, es imposible de fechar mediante la ______________ del radiocarbono.

Fin del mundo indígena y tribus sobrevivientes

Cambios poblacionales a la llegada de los europeos

En la primera mitad del siglo XVI, los indígenas que opusieron resistencia fueron exterminados. Otros aceptaron la aculturación y el mestizaje y hubo los que se aislaron para convertirse en los llamados pueblos de frontera. Por otra parte, las enfermedades traídas de Europa, frente a las que los pueblos indígenas no poseían defensas naturales, causaron una gran mortandad entre las poblaciones aborígenes.

Los nativos y su visión cíclica de la vida

Los nativos americanos tenían una visión cíclica de la vida: existía la idea del nacimiento de un ciclo, su evolución y destrucción, lo que daba comienzo a uno nuevo. Los pueblos más avanzados de América, principalmente los aztecas, mayas e incas y los chibchas en Colombia, hicieron predicciones poco antes de la conquista española sobre el fin de su propio ciclo estructural y el advenimiento de uno nuevo. Por eso, en la mentalidad indígena, aparece una actitud de aceptación del cambio que explica su derrotismo ante la llegada de los europeos.

La profetización de la debacle indígena

El Zipa Tisquesusa de Bacatá tuvo un sueño en su casa de recreo en el cual el agua se convirtió en sangre, una predicción sobre lo que le ocurriría a su pueblo al poco tiempo. Esta tradición sobre la llegada de seres ajenos y extraños también la tuvieron otros pueblos aborígenes americanos. Destacan los vaticinios de Quetzalcóatl entre los aztecas de México y los de Viracocha entre los incas, quienes profetizaron el final de su propia gente a manos de un pueblo foráneo.

Los cimientos de Tunja y Bogotá

El último Zaque del actual territorio colombiano fue Aquimezaque, decapitado por el conquistador Hernán Pérez de Quesada en 1541. Las ciudades indígenas fueron arrasadas y destruidas. Sobre las ruinas de los poblados indígenas de Bacatá y Hunza, antiguas ciudades con tradiciones milenarias, se construyeron Bogotá y Tunja.

Una nación mestiza

Colombia es la nación de mayor mestizaje de Hispanomérica, pues en ella se mezclaron los españoles, los africanos y los nativos. En la actualidad, el mayor grupo indígena colombiano reside en la Guajira, donde viven alrededor de 50000 aborígenes. Al sur de la sierra nevada de Santa Marta viven unos 500 indios chimilas. En los Llanos Orientales la población indígena es de unas 10000 personas, principalmente guahibos. En las selvas del Amazonas existe un gran número de tribus dispersas, muchas de las cuales no han tenido contacto con el resto del mundo. En general pertenecen a las familias lingüísticas caribe, arawak y tukano, aunque también se cuentan otras tribus que hablan dialectos independientes. En el departamento del Cauca, en la región llamada Tierradentro, viven aproximadamente 50000 indígenas divididos en varios grupos.

Etnias supervivientes y lenguas aborígenes vivas

En total, en Colombia hay 166 etnias registradas en el Ministerio de Educación. En el territorio nacional, además del español, que es la lengua oficial, se hablan más de 65 lenguas nativas. Aunque la población amerindia ha sufrido diversos altibajos a lo largo de la historia, aún existen más de noventa culturas en el territorio, cada una con sus tradiciones. La Constitución de 1991 fue la primera que reconoció la multiplicidad étnica y decretó leyes para proteger su supervivencia e integrar su participación en calidad de ciudadanos.

Vocabulario

aculturación:	proceso de recepción de otra cultura y de adaptación a ella, en especial con pérdida de la cultura propia
mestizaje:	cruce de razas distintas
mortandad:	gran cantidad de muertes causadas por una desgracia, ya sea una guerra, una epidemia o una catástrofe natural
cíclico:	que se repite regularmente cada cierto tiempo
predicción:	acción de anunciar un hecho futuro

advenimiento:	llegada, venida o aparición, especialmente de un acontecimiento importante o de una época
derrotismo:	actitud de la persona que considera los hechos y los acontecimientos en su aspecto más negativo
ajeno:	que pertenece o corresponde a otro
decapitar:	matar a una persona o un animal cortándole la cabeza

Comprensión del texto

1. Busca antónimos de las siguientes palabras:

dispersar ______________________
tradición ______________________
prohibir ______________________
selva ______________________
contactar ______________________
independiente ______________________

2. Responde a las siguientes preguntas:

a) ¿Qué le ocurrió a los indígenas que opusieron resistencia a los conquistadores?

____

____

b) ¿Dónde vive el mayor grupo de indígenas colombianos?

____

____

3. Indica si las siguientes afirmaciones son verdaderas o falsas.

a) En Colombia hay 166 etnias registradas en el Ministerio de Educación.

____

____

b) Los indios chimilas viven en los Llanos Orientales.

____

____

c) El último Zaque del actual territorio colombiano fue Aquimezaque.

____

____

d) El Zipa Tisquesusa de Bacatá tuvo un sueño premonitorio sobre la destrucción de su pueblo.

____

____

e) Las enfermedades traídas de Europa no tuvieron ningún impacto en los pueblos indígenas.

____

____

Redacción

Eres un cronista que viaja con Nicolás de Federmán, el primer conquistador alemán que llegó a Bogotá. Imagina que escribes una carta al rey Carlos I de Alemania (V de España) y le cuentas lo que has visto al llegar a Bacatá.

____

____

____

____

____

____

____

____

____

____

____

Comentario

Describe tus impresiones sobre las leyes actuales que protegen a los indígenas colombianos.

2. Geografía de Colombia

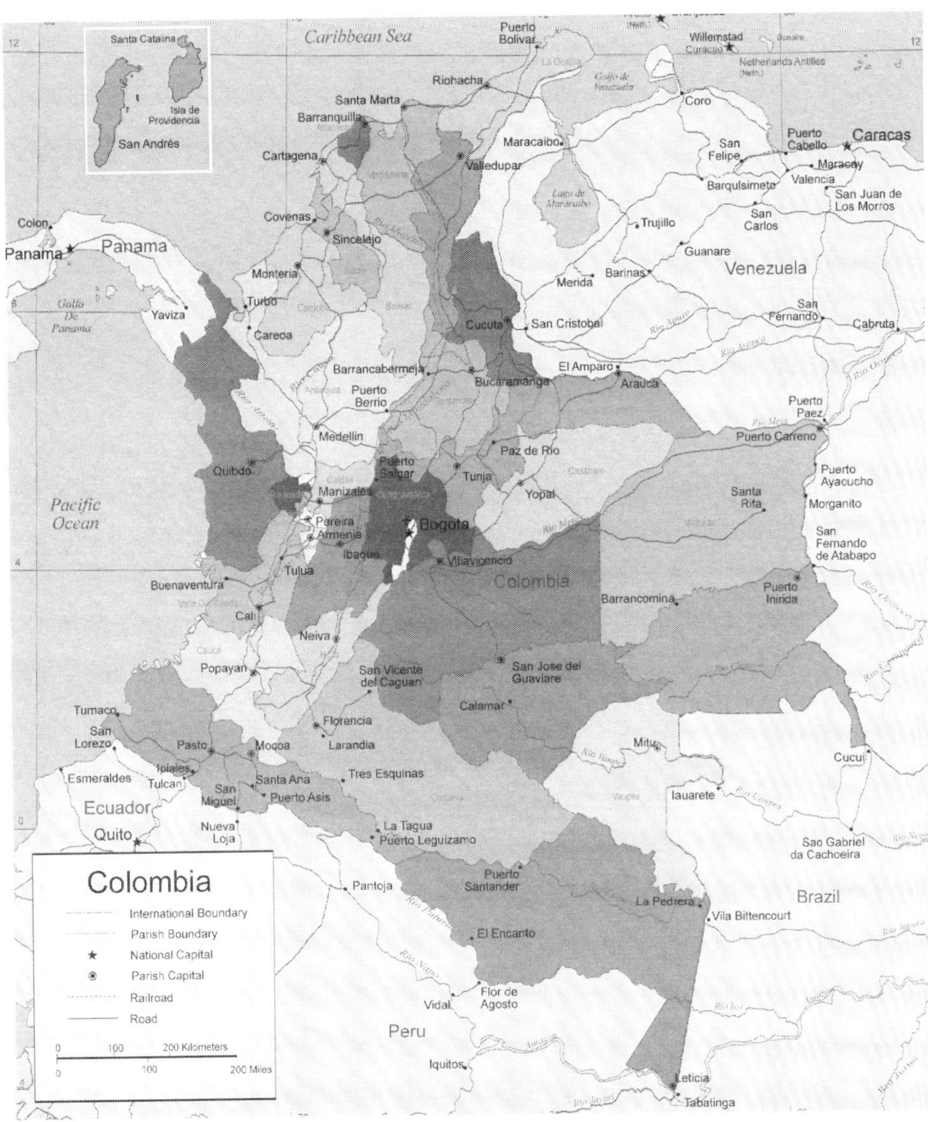

Mapa político de Colombia (Wikimedia Commons).

Geografía física

Colombia posee una extensión de 1´141748 kilómetros cuadrados, la cuarta más grande de Sudamérica, superada por Argentina, Brasil y Perú. Tiene costas en los océanos Atlántico y Pacífico. Su ubicación geográfica es privilegiada, pues la convierte en el punto de entrada hacia Sudamérica.

El cuarto país más grande de Sudamérica

Debido a su variada orografía es un país rico en especies animales y vegetales. La cifra oficial que se maneja es 62829 especies, pero se siguen encontrando plantas y criaturas vivas cuya existencia no se conocía, de modo que

Orografía y variedad de animales y vegetales

Cattleya trianae, tipo Baronessa (Fotografía: QuazDelaCruz, Wikimedia Commons).

no es un número definitivo. Según el GBIF (Global Biodiversity Information Facility), a nivel mundial Colombia ocupa el primer lugar en aves, y orquídeas, el segundo en plantas, anfibios mariposas y peces dulceacuícolas, el tercero en palmas y reptiles y el cuarto en mamíferos.

Es el segundo país más rico en diversidad biológica del mundo debido a su variedad de especies y la heterogeneidad de sistemas ecológicos. Son cientos de miles de plantas, aves, peces de agua dulce, insectos, etcétera, que habitan en ambientes diversos: desiertos tropicales, selvas húmedas, bosques secos, humedales, páramos, arrecifes coralinos, manglares, campos de cultivo y áreas urbanas.

Entre las aves merece la pena destacar la más grande del mundo, el cóndor de los Andes, en peligro de extinción. Puede llegar a medir un metro y medio de envergadura y sus alas desplegadas miden poco más de tres metros.

De sus 4270 tipos de orquídeas, la más famosa es la *Cattleya trianae*, también llamada flor de mayo. Es un símbolo nacional y es una flor endémica que se ha visto amenazada por la deforestación que afecta gravemente su hábitat.

Su riqueza en lepidópteros, mariposas y polillas es extraordinaria: destaca la mariposa de vidrio, así llamada por la transparencia de sus alas. Se estima que en el país hay unas treinta mil especies. En comparación, en Estados Unidos, Canadá y México, se conocen 11532 especies.

Colombia posee todo tipo de climas, desde el desierto a nivel del mar, en la Guajira, hasta las nieves perpetuas de la Sierra nevada de Santa Marta, donde se encuentra la montaña litoral más alta del mundo, el pico de Colón. También es el más alto del país, situado a 5775 metros sobre el nivel del mar y a tan solo cuarenta y dos kilómetros de la costa del Caribe.

La geografía colombiana es muy variada: playas en las costas del Caribe y del Pacífico, mesetas, altiplanos, extensas llanuras, montañas, volcanes y cordilleras, lo que la convierte en un país muy variado en espacios geográficos, paisajes y reservas de flora y fauna.

Clima

De las nieves perpetuas al desierto

Se encuentra muy cerca de la línea del Ecuador, así que, por ser un país tropical, no tiene las cuatro estaciones propias de otros ámbitos geográficos. Sin embargo, debido a su variada orografía posee una enorme variedad de climas, desde el frío de las nieves perpetuas hasta el desierto, pasando por todos los climas templados, los de los valles, llanos y los de las costas marítimas.

Al estar ubicado el país sobre la línea ecuatorial, todos los días del año tienen casi la misma duración: amanece a las 6:00 a.m. y oscurece a las 6:00 p.m.

Idioma

El español es el idioma oficial. En los centros educativos se enseña el inglés como segunda lengua en importancia. Además, existen unas setenta y nueve lenguas nativas organizadas así: sesenta y cinco lenguas indígenas, dos lenguas criollas (el creole y el palenquero), una romaní y un lenguaje de señas. Estas lenguas minoritarias las hablan alrededor de 1'400000 personas.

El español y las lenguas nativas

Gobierno

Es la más antigua democracia de América Latina. Existen tres poderes: ejecutivo, legislativo y judicial. El Presidente de la República se elige por votación popular cada cuatro años, así como los senadores y congresistas.

La democracia más antigua de América Latina

Población

En 2017 la población era de 49´292000 millones de habitantes. En el mundo ocupa el puesto número veintinueve del ranking de 196 estados que componen la tabla de población mundial. Es el tercer país más poblado en América Latina, después de Brasil y México. El 77% de las personas viven en ciudades y el 23% en áreas rurales.

Tercer país más poblado de América Latina

Ciudades principales

Centro de Bogotá (Fotografía: Felipe Restrepo Acosta, Wikimedia Commons).

Bogotá, la capital, donde viven más de ocho millones de personas; Medellín, Cartagena, Santa Marta, Barranquilla, Cali, Manizales, Pereira, Armenia, Bucaramanga, Tunja y Leticia.

Economía

Agroindustria colombiana

Colombia ha disfrutado de un desarrollo económico considerable en las últimas décadas. Es una de las pocas economías de América Latina que se mantiene equilibrada y que sigue creciendo mientras que muchos otros países se han visto afectados por las recientes crisis mundiales. La producción industrial, la agroindustria y los servicios son muy diversos; la economía del país es la cuarta más grande de América Latina después de Brasil, México y Argentina.

Distribución de la riqueza mineral

Tradicionalmente, el sector más importante ha sido el agrario, que representa el 12% de PIB, el 22% incluyendo la agroindustria y el 28% como generador de divisas. Los principales productos de exportación son el banano, el café, las flores y el azúcar. El país es rico en minerales como plata, platino, cobre, zinc, níquel y carbón. La minería del oro ha estado presente desde tiempos prehispánicos. En la actualidad se realiza principalmente en el departamento de Antioquia y, en menor medida, en los departamentos de Cauca, Caldas, Nariño, Tolima y Chocó. Además, posee yacimientos de gas natural y de petróleo. Por otra parte, cabe destacar la explotación de carbón y la producción y exportación de zafiros, diamantes y otras piedras preciosas; Colombia produce el 60% de las esmeraldas del mundo. La explotación de estas gemas inició durante el periodo de la Conquista.

Esmeralda Gachalá, de más de tres libras de peso (Fotografía: thisisbossi, Wikimedia Commons).

Geografía política

Políticamente, Colombia está dividida en 32 Departamentos, 1122 Municipios, 5 Distritos y 20 Corregimientos departamentales.

Limites terrestres y marítimos

Limita por tierra con cinco países latinoamericanos: Brasil, Ecuador, Panamá, Perú y Venezuela. De forma marítima tiene límites con siete países: Costa Rica, Ecuador, Haití, Honduras, Jamaica, Panamá y República Dominicana, y con dos océanos, el Atlántico y el Pacífico.

Colombia suma 1´141748 kilómetros cuadrados (44831 millas cuadradas) de geografía continental para una soberanía total de 2'070408 kilómetros cuadrados que incluyen las áreas de soberanía marítima. Existen cinco regiones principales que muestran características geográficas muy diferenciadas entre sí: Caribe, Pacífica, Andina, Llanos orientales y Amazonía. El país tiene, además, una zona insular que comprende varias islas en los dos océanos.

Vocabulario

orografía: parte de la geografía física que trata de la descripción de las montañas
dulceacuícola: organismo que vive en agua dulce
orquídea: planta herbácea de hojas radicales y envainadoras cuyas flores tienen formas muy variadas y coloraciones muy vistosas (blanca, rosa, violácea)
endémico: que solamente vive en una región determinada
hábitat: conjunto de factores físicos y geográficos que inciden en el desarrollo de un individuo, una población, una especie o grupo de especies determinados
lepidóptero: orden de insectos de metamorfosis completa que en la fase adulta poseen dos pares de alas membranosas cubiertas de escamillas (algunas de colores muy vistosos) y boca de tipo chupador en forma de tubo alargado que se repliega en espiral
perpetuo: que dura siempre o mucho tiempo
pico: en topografía, un punto de una superficie que es más elevado en altitud que todos los puntos inmediatamente adyacentes a él
ámbito: área contenida o comprendida dentro de ciertos límites
agroindustria: explotación agraria organizada como una industria

Escribir

1. Escribe qué similitudes encuentras entre Colombia y tu país, y qué diferencias notables.

____

____

____

____

____

____

____

____

2. ¿Cuáles de las especies colombianas que se mencionan aquí te han llamado más la atención? Coméntalo con tus compañeros y explícales la razón.

____

____

____

____

____

____

Comprensión del texto

1. Elige la opción correcta:
   1.1 Colombia es el punto de entrada al sur de América porque:
      a) Fue el sitio a donde llegó Cristóbal Colón en su primer viaje.
      b) Por su extraordinaria biodiversidad.
      c) Por su situación estratégica y su acceso a dos océanos.

   1.2 La economía colombiana:
      a) Dejó de crecer desde la Independencia.
      b) Está altamente industrializada.
      c) Crece y es una de las pocas economías de América Latina que se mantiene equilibrada.
      d) Depende en un alto porcentaje del turismo ecológico.
      e) Es la más pobre de los países del sur.

2. De las siguientes afirmaciones, ¿cuál es falsa y por qué?
   a) Colombia tiene cinco regiones principales y una insular.
   b) El país produce el 60% de las esmeraldas del mundo.
   c) Ocupa el primer lugar en el mundo en aves y orquídeas.
   d) Ocupa el segundo lugar en el mundo en plantas, anfibios, mariposas y peces dulce-acuícolas.
   e) Es el país del mundo con mayor número de mamíferos.

3. Responde a las siguientes preguntas sobre el texto:

   a) ¿A qué se refiere el texto cuando dice que la minería se ha practicado desde tiempos prehispánicos?

   ____

   b) ¿Qué tipo de gobierno tiene Colombia?

   ____

   c) ¿A qué se debe la variedad de su clima?

   ____

Lengua

Completa el fragmento de texto. En caso de duda, dirígete al texto original:

El país es rico en ________________ como plata, platino, cobre, zinc, níquel y carbón. La minería del oro ha estado presente desde tiempos prehispánicos. La ________________ se realiza principalmente en el departamento de Antioquia y, en menor medida, en los departamentos de Cauca, Caldas, Nariño, Tolima y Chocó. Además, posee ________________ de gas natural y de petróleo. Por otra parte, cabe destacar la ________________ de carbón, y la producción y exportación de zafiros, diamantes y otras piedras preciosas.

Investigación

Con ayuda de Internet, averigua por qué se dice que Colombia es la democracia más antigua de América Latina.

Las regiones naturales colombianas

La región más densamente poblada

La Región Andina formada por tres grandes divisiones de la Cordillera de los Andes (Occidental, Central y Oriental) que componen la zona más poblada del país. Posee una riqueza hídrica extraordinaria y tierras productivas y fértiles gracias a la abundancia de ríos, la fertilidad de sus valles y la variedad de pisos térmicos. Concentra grandes ciudades y ofrece numerosos atractivos turísticos. Sus aproximadamente 282540 kilómetros cuadrados ocupan el treinta por ciento del territorio colombiano. Es la zona más densamente poblada, pues en ella vive el 70% de la población nacional. La cordillera trifurcada abarca una gran parte del territorio cafetero y pasa por más de diez departamentos: Antioquia, Boyacá, Caldas, Cundinamarca, Huila, Norte de Santander, Quindío, Risaralda, Santander del Sur y Tolima. La fauna y la flora varían de acuerdo a la altitud en la que se encuentre cada región. El fácil acceso y la gran diversidad de paisajes la convierten en una de las más populares para hacer turismo.

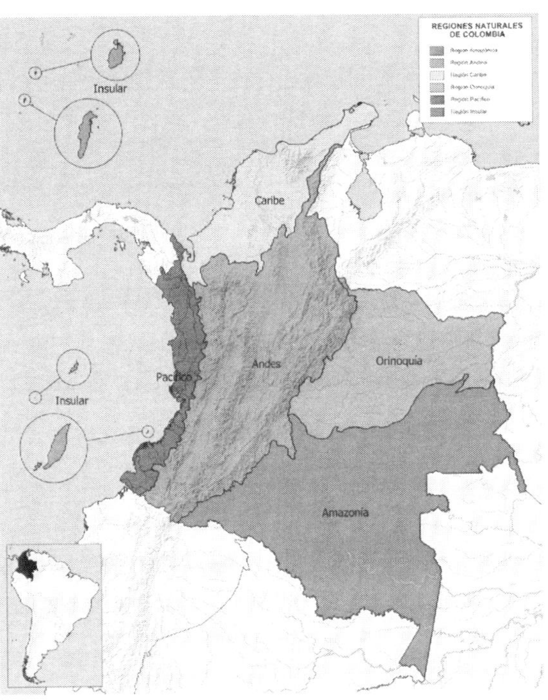

Regiones naturales de Colombia (Wikimedia Commons).

El Volcán Nevado del Huila, en los Andes colombianos (Fotografía: Martin Roca, Wikimedia Commons).

La región más grande del país y menos densamente poblada

La Región Amazonas se ubica al sur del país. Comprende los departamentos de Amazonas, Caquetá, Guainía, Guaviare, Putumayo y Vaupés.

Es la región más grande de Colombia, pues ocupa 41% del territorio nacional, aunque también es la menos poblada; unos 264945 habitantes repartidos entre los seis departamentos que la conforman. La espesa selva y en el poco espacio disponible para los asentamientos han hecho difícil su conexión con el resto del país. La parte negativa de este aislamiento geográfico es que no ha tenido un adecuado desarrollo económico y cultural. Sin embargo, esto ha permitido que mantenga su estado natural. Sus ecosistemas apenas se han visto afectados por el proceso de industrialización de otras regiones. La región amazónica, que Colombia comparte con Brasil y Perú, constituye un gran tesoro natural del país y del mundo, pues es considerada el pulmón del planeta.

Imagen de la región amazónica (Fotografía: Jorge.kike.medina, Wikimedia Commons).

Mares y desiertos del Caribe

La Región Caribe posee desde zonas desérticas en La Guajira hasta selvas húmedas en el Golfo de Urabá. Destacan las ciudades y centros turísticos de Cartagena y Santa Marta. La región alberga los dos picos más altos del país: el Cristóbal Colón y el Simón Bolívar. Los ríos Magdalena, Sinú y Cesar bañan valles fértiles.

Cabo de la Vela, en la Península de La Guajira, en el norte de Colombia (Fotografía: Tanenhaus, Wikimedia Commons).

Ocupa poco más del 11% del territorio del país y está conformada por ocho departamentos: Atlántico, Bolívar, Cesar, Córdoba, Guajira, Magdalena, Sucre y Urabá antioqueño. Su población constituye cerca del 20% nacional, pues tiene grandes centros poblados como Barranquilla, Cartagena y Santa Marta.

Aunque la región está dividida geográficamente en ocho departamentos, sus ciudadanos mantienen una identidad común que les da su cercanía al mar Caribe. Históricamente se han conectado con el resto del país a través de grandes ríos navegables, principalmente el Magdalena.

Variedad de especies del Pacífico colombiano

La Región Pacífica, así llamada por su ubicación frente al Océano Pacífico, ocupa la mayor parte del oeste del país. Cuenta con climas que comprenden el páramo volcánico y algunos de los puntos más húmedos del planeta. El corazón del departamento del Chocó alberga unas 9000 especies de plantas, 200 de mamíferos, 600 de aves, 100 de reptiles y 120 de anfibios. A la zona pertenecen los departamentos del Cauca, Chocó, Nariño y Valle del Cauca.

Playas de Ladrilleros. Costa pacífica del Valle del Cauca (Fotografía: Hertziodj. Wikimedia Commons).

Desde la época colonial, los ríos ricos en oro, platino y plata atrajeron el interés de los europeos, quienes llevaron hasta la zona esclavos africanos con el fin de explotar esas riquezas. Eso explica que su población sea mayoritariamente afrodescendiente. Aún existen ciudades coloniales dispersas que hoy en día son lugares de atracción turística. El área es mayormente plana, lo que permite el crecimiento de bosques y la formación de pantanos.

Sabanas y bosques de la Orinoquía

La Región de la Orinoquía tiene una extensión de unos 253000 kilómetros cuadrados. Es conocida también como los Llanos Orientales porque ocupa amplias llanuras repartidas entre los departamentos de Arauca, Casanare, Meta y Vichada. El río Orinoco abarca gran parte de esta zona que está constituida por un 75 % de sabanas y un 25 % de bosques.

Los Llanos Orientales en la región Orinoquía (Fotografía: Neil Palmer (CIAT). Wikimedia Commons).

La región tiene selvas de galería, que acompañan a los ríos en su recorrido. Entre sus mamíferos destacan el venado sabanero, el chigüiro –el roedor más grande del mundo–, el mono cotudo y el tigre. En cuanto a los reptiles, allí viven la anaconda, el caimán del Orinoco y la serpiente de cuatro narices.

El clima es cálido y su actividad económica principal es la ganadería. Además, en sus tierras se encuentra la Serranía de la Macarena, que fue la primera reserva natural nacional establecida por ley de la República en 1948 y se declaró parque natural en 1971. En sus 629280 hectáreas existen más de 450 especies de aves y alrededor de veinte subespecies endémicas y únicas.

Islas colombianas en el Caribe y el Pacífico

La Región Insular. Colombia tiene en el Mar Caribe el archipiélago formado por las islas de San Andrés, Providencia y Santa Catalina; los bancos Alicia, Quitasueño, Serrana y Serranilla, y una serie de cayos entre los que sobresalen los llamados Roncador y Albuquerque, a unos 700 kilómetros de la costa norte del país. En el Océano Pacífico se encuentran las islas de Gorgona, Gorgonilla y Malpelo.

Cayo Johnny, próximo a la Isla de San Andrés, en el Océano Atlántico (Fotografía: Mario Carvajal, Wikimedia Commons).

Vocabulario

cordillera:	conjunto de montañas alineadas a lo largo de un eje que forman una unidad
pisos térmicos:	los distintos tipos climáticos relacionados con la altitud que da el relieve geográfico
cafetero:	del café o relacionado con él; un territorio cafetero es el dedicado al cultivo de esta planta
altitud:	distancia vertical de un punto de la superficie terrestre respecto al nivel del mar
espeso:	formado por elementos que están muy próximos unos de otros
ecosistema:	sistema biológico constituido por una comunidad de seres vivos y el medio natural enque viven
navegable:	que es suficientemente profundo o amplio como para que las embarcaciones transiten por él
volcánico:	del volcán o relacionado con él
afrodescendiente:	persona nacida fuera de África que tiene antepasados de dicho continente
sabana:	espacio geográfico o ecosistema que se caracteriza por contar con un clima árido y seco y una vegetación escasa
cayo:	cada una de las islas rasas, arenosas, frecuentemente anegadizas y cubiertas en gran parte de mangle

Comprensión de lectura

1. Define cada una de las regiones colombianas con una oración.
2. Explica a qué se debe la variabilidad del paisaje colombiano.

____

____

____

____

Análisis

1. Analiza las ventajas y desventajas del aislamiento de la región amazónica.

____

____

____

____

____

____

2. ¿Cuál es la región más densamente poblada de Colombia y cuál la que tiene menor número de habitantes?

____

____

Investiga y analiza

¿Por qué se dice que la región amazónica es el pulmón del planeta?

3. Historia desde la conquista hasta el siglo XVIII

Descubrimiento de América

Puerta de entrada a Sudamérica

El 12 de octubre de 1492, con la llegada de Colón a América, se inició una de las transformaciones culturales más grandes en la historia de la humanidad. Colombia, debido a su ubicación geográfica, se convirtió en la puerta de entrada a Sudamérica. Cartagena se erigió en un gran centro de acopio y comercio de esclavos durante los primeros siglos de la Colonia, pues desde allí se abastecía la mano de obra de los territorios conquistados.

Cristóbal Colón jamás pisó Colombia, un país que se llama así en su honor. El primer europeo que llegó a las costas colombianas fue su compañero Alonso de Ojeda, quien tocó tierra en el Cabo de la Vela en 1499. Viajaba con dos cartógrafos: el florentino Américo Vespucio –de cuyo nombre derivó el del continente– y el español Juan de la Cosa, quien dibujó el primer mapa y el más antiguo que se conserva de América. Fue Vespucio quien, al cartografiar los nuevos territorios, se dio cuenta de que se trataba de un nuevo mundo.

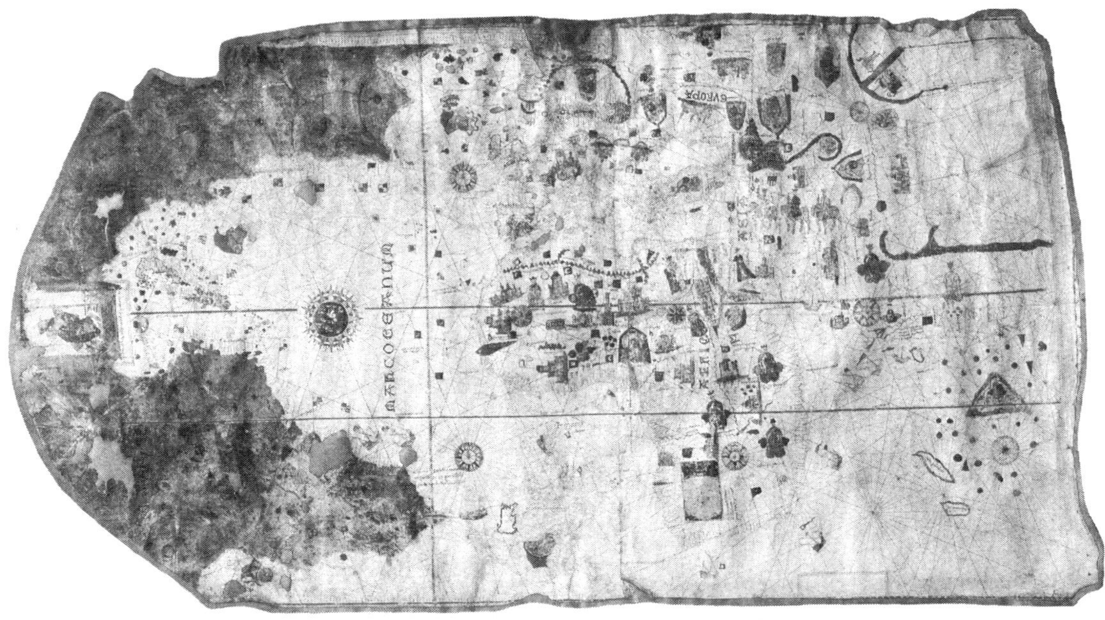

Mapa del Cartógrafo Juan de la Cosa, autor del primer mapa del continente americano. En él no figuran el istmo panameño ni la costa Pacífica porque aún no se habían descubierto. Se conserva en el Museo Naval de Madrid, España (Fotografía: Wikimedia Commons).

Coquibacoa y Urabá, las primeras gobernaciones

En 1500 don Rodrigo de Bastidas, notario de Sevilla, financió con sus propios recursos un viaje que lo llevó al litoral Atlántico, el río Magdalena y el Golfo de Urabá. Los hermanos Luis y Cristóbal Guerra llegaron hasta Cartagena.

Fundación de las primeras ciudades

Tres conquistadores coincidieron en Santa Fe de Bogotá

En 1501 don Alonso de Ojeda estableció la gobernación de Coquibacoa en la Península Guajira, la primera en tierra continental, pero fue destruida al poco tiempo. En 1510 fundó el primer fuerte en la gobernación de Urabá y lo llamó San Sebastián de Urabá. En diciembre de ese mismo año, Martín Fernández de Enciso fundó la primera ciudad en tierra firme con el nombre de Santa María la Antigua del Darién, que serviría como primera base de la colonización de América continental. Allí construyeron una catedral, un convento de franciscanos y numerosas residencias de conquistadores.

La Casa de la Aduana, en Santa Marta, una de las primeras edificaciones españolas en el territorio continental americano (Fotografía: Kordas – Mijotoba, Wikimedia Commons).

En la costa atlántica se establecieron las primeras ciudades colombianas. La más antigua de las que aún existen es Santa Marta, fundada en 1525. Trece años más tarde, Gonzalo Jiménez de Quesada llegó al centro del país en busca de El Dorado, a la actual Bogotá, donde vivían los muiscas. Lo hizo al mismo tiempo que otros dos conquistadores: el también español Sebastián de Belalcázar y el alemán Nicolás de Federmán. Jiménez de Quesada fundaría la capital colombiana con el nombre de Santa Fe el 6 de agosto de 1538. Alrededor de la plaza mandó a hacer doce chozas de paja para alojar a las tropas y una iglesia en donde fray Domingo de las Casas celebró la primera misa. Construyeron la plaza mayor, las calles y las carreteras, el cabildo y otros edificios públicos. Los recién llegados inicialmente establecieron comercio con los nativos, quienes intercambiaron el oro que habían acumulado durante muchas generaciones por espejos, telas, baratijas, y otros objetos sin valor. Posteriormente fueron sometidos a través de instituciones como la mita y la encomienda.

Descubrimiento del Océano Pacífico

La evidencia de que América es un continente

El 25 de septiembre de 1513, Vasco Núñez de Balboa organizó una expedición hacia el sur, en busca de los tesoros de Perú de los que había oído hablar. Encontró el Océano Pacífico, así llamado por la tranquilidad de sus aguas. El 29 de septiembre Balboa se metió al agua con una armadura y un estandarte, acompañado de un notario y un sacerdote, y cantó el tedeum para tomar posesión, en nombre de la corona de Castilla, del que llamó inicialmente Mar del Sur. El descubrimiento fue muy importante porque evidenciaba que el nuevo mundo era un continente rodado por dos océanos.

Grabado idealizado de Vasco Núñez de Balboa descubriendo el llamado Mar del Sur, el Océano Pacífico, el 25 de septiembre de 1513 (Grabado, siglo XIX, autor desconocido, Wikimedia Commons).

Vocabulario

abastecer: proporcionar o poner al alcance de una persona lo que necesita para su mantenimiento o funcionamiento

cartografía: técnica de trazar mapas o cartas geográficas

catedral: iglesia principal de una diócesis, generalmente de grandes dimensiones, que es sede de un obispo o de un arzobispo

conquistadores: soldados y exploradores españoles que, desde finales del siglo XV y durante el siglo XVI, conquistaron y poblaron grandes extensiones de territorio en América y Filipinas

choza: casa muy pequeña y tosca hecha de troncos o cañas y cubierta con paja o ramaje, en particular la que utilizan los pastores y la gente del campo

cabildo: corporaciones municipales creadas en Canarias y posteriormente en las Indias, América y las Filipinas por el imperio español

baratija: cosa pequeña de poco valor

estandarte: insignia consistente en una pieza de tela de forma generalmente cuadrada o rectangular, con una divisa o algún distintivo, que está sujeta a un astil

tedeum: canto de la liturgia católica para alabar y dar gracias a Dios

Comprensión de texto

1. ¿Cuál dirías que fue el principal problema con que se encontraron los conquistadores?

2. ¿Qué buscaba Vasco Núñez de Balboa cuando encontró el Océano Pacífico?

3. ¿Cuántos años transcurrieron desde el descubrimiento hasta la fundación de Santa Fe de Bogotá?

4. ¿Quién fue Fray Domingo de las Casas?

5. ¿Cuál es el nombre de la primera ciudad que fundaron los españoles en la actual Colombia?

6. ¿Quién trazó el primer mapa del continente americano?

7. ¿Por qué es tan trascendente el descubrimiento del Océano Pacífico?

8. Resume en tres o cuatro frases la primera etapa de la Conquista en la actual Colombia.

Lengua

Imagina el diálogo que pueden haber tenido los tres conquistadores que llegaron al tiempo a Santa Fe de Bogotá. Cada uno presenta al rey Carlos V de España y I de Alemania sus razones para gobernar la ciudad.

Producción creativa

Averigua en Internet cómo se formaron los primeros intérpretes, tanto en la población indígena como en la de los conquistadores europeos. Intenta establecer cuáles habrían sido las principales dificultades en la comunicación.

El periodo colonial

Inicio de la Colonia en 1550

Se llama época colonial al dominio político por parte de los españoles en América entre 1550 y 1810, año en el que España perdió sus últimas colonias continentales americanas. La llegada de los europeos produjo una auténtica debacle demográfica debido, principalmente, a tres causas: la violencia de los colonizadores, el desánimo vital indígena debido a la destrucción de sus comunidades y la explotación laboral a la que se vieron sometidos y, por último, las epidemias, que serían una constante en el periodo colonial.

Razones que diezmaron la población indígena

El impacto sicológico que causó la derrota en los indígenas, la anulación de su sistema de vida y creencias se reflejó en los numerosos suicidios, incluso colectivos. Además, se redujo su capacidad reproductiva debido a la desnutrición, el agotamiento y la caída de la fertilidad. Sobre esta población deprimida se cebaron enfermedades epidémicas generadas por la repentina invasión de gérmenes foráneos frente a los que no poseían defensas. Incluso enfermedades benignas para los europeos, como sarampión, tos ferina o gripe, resultaban letales para los amerindios. Mucho más letales resultaron la viruela, el tifus o la peste bubónica, que también causaban estragos en Europa. Por último, contribuyeron a diezmar la población enfermedades africanas como la fiebre amarilla y la malaria, que se harían endémicas en el nuevo mundo. Los sucesivos y reiterados brotes a lo largo de los siglos XVI y XVII, frecuentemente asociados a hambrunas, explican el dramático descenso de la población indígena.

Primeros grupos españoles que llegaron a América

El núcleo colonizador inicial estuvo compuesto por 1200 hombres que viajaron con Cristóbal Colón a La Española en 1493 y las 2500 personas que llegaron en 1502 con el gobernador Nicolás Ovando. Entre 1506 y 1600 emigraron 242853 españoles, es decir, unos 2600 al año como promedio; es el máximo número posible si tenemos en cuenta las limitaciones de la navegación de la época. Se trató, además, de una emigración esencialmente masculina; al principio solo un diez por ciento de las licencias oficiales se otorgaron a mujeres. A partir de mediados del XVI la proporción de mujeres aumentó hasta llegar a la cuarta parte del total. La mayoría de ellas, aproximadamente 60%, eran andaluzas, como también lo eran los hombres que embarcaban en Sevilla rumbo a las Indias.

Concentración de esclavos traídos de África

La contribución de los africanos al poblamiento de América fue baja debido a su situación de esclavitud y a la escasez de mujeres entre ellos. Sin embargo, allí donde reemplazaron la desaparecida mano de obra indígena, la población afrodescendiente llegó a ser mayoritaria, principalmente en el Chocó. Como resultado de varios siglos de mestizaje racial y cultural, a comienzos del siglo XIX los mestizos representaban casi la tercera parte de la población total de la América española.

Los criollos

Los criollos superan el número de peninsulares

Durante la Colonia se establecieron diferencias sociales entre los europeos y sus hijos, nacidos en el continente americano. Los sucesivos descendientes de europeos nacidos en América se denominaron criollos y se convirtieron con el tiempo en la clase dominante; mantenían el control del capital y superaban ampliamente a los blancos peninsulares. Sin embargo, en el escalafón social, el lugar más alto lo ocupaban los nacidos en España. Les seguían los blancos criollos y, en tercer lugar, los pardos o mestizos, que representaban la mayoría de la población. Por último estaban los indígenas y los esclavos africanos.

De español y mestiza, castiza. Miguel Cabrera. Museo de América de Madrid. 1763. Escuela mexicana. El cuadro es una excelente caracterización de la alta sociedad criolla, con sus procesos de mestizaje, que resultaba sustancialmente similar en toda América Latina (Fotografía: WikiArt.org).

Vocabulario

debacle: desastre que produce mucho desorden y desconcierto, especialmente como final de un proceso

desánimo: falta de ánimo, fuerza o energía para hacer, resolver o emprender algo

epidemia: enfermedad que ataca a un gran número de personas o de animales en un mismo lugar y durante un mismo período de tiempo

fertilidad: la capacidad de reproducirse de un organismo o ser vivo

foráneo: que procede o es propio de otro lugar

viruela: enfermedad infecciosa y contagiosa, causada por un virus, que se caracteriza por provocar fiebre y por la aparición de ampollas de pus en la piel

estrago: daño o destrucción producida por una acción natural o por una guerra

núcleo: parte o punto central de algo material o inmaterial

promedio: resultado que se obtiene al dividir la suma de varias cantidades por el número de sumandos

licencia: declaración expresa que hace una persona, especialmente con autoridad legal, para permitir que se haga cierta cosa

embarcar: Introducir personas o mercancías en un vehículo, especialmente en una embarcación, aeronave o tren, para viajar

escalafón: lista de los individuos de una corporación, clasificados según su grado, antigüedad, méritos, etc.

Comprensión del texto

Contesta a las siguientes preguntas:

1. ¿Qué es la época colonial?

2. ¿Cuáles fueron las causas de la caída demográfica indígena?

3. ¿Quiénes eran los criollos?

Análisis

1. Haz una lista del orden social en la colonia.

2. Analiza las implicaciones de la frase: La población afrodescendiente llegó a ser mayoritaria allí donde reemplazó a la desaparecida mano de obra indígena.

Comentario

¿Lo que has leído de la época colonial se corresponde con lo que sabías? Justifica tu respuesta.

Lengua

Completa los espacios con la forma adecuada del verbo correspondiente.

La sorpresa y el estupor (contribuir) ____________ a la derrota de los indígenas, pues los colonizadores (utilizar) ____________ contra ellos elementos que no conocían, como las armas de fuego, los caballos y los perros. Inicialmente los indios (creer) ____________ que el caballo y el europeo formaban una sola criatura, de ahí su incredulidad cuando lo veían descomponerse en dos. También (sentir) ____________ terror ante los perros entrenados que los españoles utilizaban para dominarlos, pues era un animal que prácticamente no se conocía en América. Por último, armas como escopetas, mosquetes y arcabucos (ser) ____________ vistos por los indígenas como elementos diabólicos por el estruendo que producían y por la velocidad con que (disparar) ____________ su proyectil mortal. Los consideraban rayos divinos que obedecían al mandato de los hijos del Sol o dioses conquistadores.

Investiga

Una quinta parte de todas las fortunas europeas de la época colonial se amasaron con dinero esclavo. Con ayuda de Internet, infórmate sobre este comercio y sobre los principales países africanos de donde salieron los esclavos que fueron llevados a América. Escribe tus impresiones al respecto.

El clima antiespañol tras las medidas borbónicas en el siglo XVIII

Desafecto por España y sus instituciones

La situación socioeconómica y política en el Virreinato de Nueva Granada en el siglo XVIII era la siguiente: la mayoría de los habitantes eran blancos criollos o amerindios que no sentían apego por España. Por su parte, a la monarquía española no le interesaba que existiera una mayor igualdad en el sentido en que esto se entendía en el siglo de la Ilustración, sino sacar el máximo provecho económico de sus colonias.

Las revueltas independentistas

Aprovechando que Inglaterra se encontraba en lucha con sus colonias en América, el rey español Carlos III le declaró la guerra tratando de recuperar La Florida y Gibraltar. Para costear las operaciones militares, envió al visitador Francisco Gutiérrez de Piñeres a Nueva Granada. Su misión era recaudar recursos con nuevos impuestos como el de alcabala, a la sal, al tabaco y los juegos de cartas, además de añadir otros gravámenes a los textiles de algodón. Autorizó a los recaudadores a aplicar métodos arbitrarios y violentos. La población organizó varias revueltas, la más famosa fue la insurrección de los comuneros –gente del común o del pueblo– que involucró a sectores rurales y urbanos, así como a personas con intereses económicos y sociales diversos.

Vocabulario

socioeconómica:	de la sociedad y la economía conjuntamente, o relacionado con ambas cosas
aprovechar:	emplear útilmente algo, hacerlo provechoso o sacarle el máximo rendimiento
recaudar:	cobrar o recibir dinero o bienes por un concepto, como impuestos, contribuciones, cuotas o donativos
alcabala:	antiguo tributo que el vendedor pagaba al fisco en una compraventa, y ambos contratantes en una permuta
gravamen:	impuesto que se aplica sobre un inmueble, una propiedad o el caudal de una persona
revuelta:	desorden o agitación que produce una alteración del orden público
insurrección:	levantamiento, sublevación o rebelión de un pueblo, de una nación
involucrar:	complicar a alguien en un asunto, comprometiéndolo en él

La revolución de los comuneros

El primer movimiento contra la dominación española

El viernes 16 de marzo de 1781 era día de mercado en El Socorro, una población situada unos trescientos kilómetros al norte de Bogotá. La cigarrera Manuela Beltrán disputó con unos gendarmes que trataron de arrebatarle unos rollos de tabaco, algunas libras de arroz y un ovillo de hilo. Desafiante y enfurecida marchó hasta el portal de la recaudación y arrancó, despedazó y pisoteó el edicto real que ordenaba las tarifas y precios de los gravámenes.

El Virrey y Arzobispo Antonio Caballero y Góngora. retrato de Pablo Antonio García del Campo (Museo de Arte colonial de Bogotá – Wikimedia Commons).

El movimiento fue tomando fuerza entre la multitud. En varios lugares quemaron tabaco, derramaron aguardiente y rompieron los avisos que se habían fijado en las paredes. Tanto los criollos como las personas de ingresos medios y los mestizos protestaron y aterrorizaron a los funcionarios reales. Los comuneros depusieron a funcionarios poco populares y, en general, asumieron el control de la situación. Después, marcharon en masa hacia la capital.

Los comuneros llegaron hasta las puertas de la capital

El virrey se encontraba en Cartagena con el grueso del ejército defendiéndose contra los británicos. El encargado que había dejado en Bogotá, al ver las proporciones que tomaba la insurrección camino a la capital, emprendió la fuga. Por esta razón, la audiencia, el tribunal superior de la colonia, asumió la suprema autoridad ejecutiva y judicial. Sin embargo, pronto se mostró incapaz de tomar medidas decisivas, pues era incierta tanto la lealtad de la población en general como la de las milicias locales, única fuerza militar disponible puesto que las unidades regulares se habían concentrado en Cartagena.

Los comuneros, viendo el camino despejado, marcharon hacia la capital animados por la consigna de «¡Viva el Rey y muera el mal gobierno!», un lema corriente de los insurrectos en las colonias. Las fuerzas comuneras, que sumaban unos 500 hombres, se detuvieron en Zipaquirá, cerca de la capital. Allí entablaron negociaciones con el arzobispo Antonio Caballero y Góngora, encargado por la audiencia para llegar a un acuerdo con los sublevados. Lo que la audiencia quería impedir, ante todo, era que entraran a Bogotá por temor a lo que podrían hacer en las calles. Los rebeldes consintieron en renunciar a algunas exigencias menores y en no entrar a la capital; a cambio obtuvieron lo que querían: la derogación de los nuevos impuestos y que se remediaran los agravios.

Ejecución de los cabecillas del movimiento comunero

Algunos comuneros de segundo rango decidieron hacer demostración de resistencia, pero fueron fácilmente aplastados. El más importante fue José Antonio Galán, un mestizo de origen humilde. Él y otros terminaron siendo ejecutados. Sus cabezas fueron ensartadas en lanzas o expuestas en jaulas de madera y paseadas por todo el territorio central de la Nueva Granada a manera de advertencia. El cuerpo de Galán fue descuartizado y sus partes se exhibieron en diferentes poblaciones. Su casa fue arrasada y en el suelo se esparció sal.

En 1781, poco después de dispersar a los comuneros, el arzobispo intervino para que todos aquellos que habían participado solamente en las primeras etapas de la rebelión obtuvieran el perdón y se les respetó la vida. Los detestados impuestos fueron reestablecidos. El virrey renunció y su sucesor murió poco tiempo después de asumir el cargo. El siguiente virrey designado fue el propio arzobispo Caballero y Góngora, quien procedió a restablecer el orden que reinaba antes de la guerra contra Inglaterra. Solo entonces ordenó descolgar las partes del cuerpo de Galán, que llevaban expuestas más de seis meses.

La lección que dejaron los comuneros a los colonizadores

Los comuneros no lograron nada concreto. Sin embargo, las grandes proporciones que tomó la revuelta involucraron a casi un tercio de la población de Nueva Granada. No se trató de un simple motín. Los funcionarios encargados de los impuestos fueron golpeados o asesinados y quedó claro que cualquier protesta podía escalar y salirse de control. Aquella rebelión pasó posteriormente a ser parte de la memoria patriótica colombiana.

La rebelión de los comuneros en la Nueva Granada fue una de las dos más notables sublevaciones hispanoamericanas, junto a la sangrienta revuelta de Túpac Amaru en el Perú, que ocurrió al mismo tiempo.

Vocabulario

gendarme:	integrante de una fuerza policial cuyo trabajo es velar por la seguridad y el orden
arrebatar:	quitar una cosa a una persona con violencia o con rapidez
ovillo:	bola que se forma enrollando un hilo sobre sí mismo
arrancar:	quitar con violencia
pisotear:	humillar, maltratar de palabra a alguien
edicto:	aviso, orden o decreto publicado por la autoridad con el fin de promulgar una disposición
funcionario:	persona que ocupa, en calidad de titular, un cargo o empleo en la administración pública
deponer:	privar a una persona de su empleo, honores o dignidades, especialmente a obispos, emperadores, reyes, etc.

tribunal: conjunto de personas autorizadas que se reúnen para juzgar algo, como un examen o una oposición
incierto: que es desconocido, impreciso o borroso
despejar: dejar un espacio libre de personas o cosas que lo ocupan
consigna: fórmula breve que se utiliza como expresión de una idea política
sublevar: incitar a una persona a que se enfrente a un poder establecido, utilizando la fuerza o las armas
temor: recelo de un daño futuro
exigencia: pretensión caprichosa o desmedida
agravio: hecho o insulto injusto que ofende a una persona por atentar contra su dignidad u honor
rango: categoría de una persona con respecto a su situación profesional o social
ensartar: espetar, atravesar, introducir
arrasar: triunfar con rotundidad
motín: movimiento desordenado de una muchedumbre, por lo común contra la autoridad constituida

Comprensión de texto

1. ¿Qué repercusión tuvo en el virreinato de la Nueva Granada la guerra entre España e Inglaterra?

___

2. ¿Por qué el virrey no estaba en Santa Fe de Bogotá cuando estalló la insurrección comunera?

___

3. ¿Aparte de la revolución de los comuneros, cuál otra gran sublevación tuvo lugar al mismo tiempo en una colonia americana?

___

Lengua

Completa las frases con las palabras correspondientes:
enemigos, sosteniendo, finales, aclamaba, populoso, convirtió, grabado, emitieron, después

En 1989, casi dos siglos ____________ de la insurrección comunera, uno de los descendientes de José Antonio Galán se postuló a la presidencia. Se llamaba Luis Carlos Galán y a ____________ de los ochenta se ____________ en uno de los principales ____________ del narcotráfico. Siendo el candidato con más opciones de ganar en las elecciones de 1990, fue llevado al _______ municipio de Soacha en un destartalado camión para dar uno de sus mítines políticos. Entre la multitud que lo ____________, de unas 20000 personas, estaba el sicario que lo mataría ____________ una pancarta. Nadie reparó en él. El magnicidio fue ____________ por las cámaras y las imágenes se ____________ en los noticieros de todo el mundo. La muerte de Galán conmocionó al país y se ____________ en uno de los episodios más oscuros y dolorosos de la historia reciente.

Interpretación

1. ¿Qué relación ves entre la historia del comunero José Antonio Galán y su descendiente, Luis Carlos Galán?

____

2. ¿Qué opinas de la actuación del obispo Antonio Caballero y Góngora?

____

Comentario

Comenta sobre un magnicidio que te haya conmocionado.

Primeros estudios científicos en la Nueva Granada

Los jesuitas en la América colonial

Los jesuitas realizaron estudios de cosmología, física, matemáticas, geología, geografía, zoología, botánica, etnología, medicina y en todas las áreas de la ciencia que germinaron en el país desde el siglo XVI. Fueron ellos quienes allanaron el camino a dos científicos europeos que habrían de hacer historia: Alexander von Humboldt y José Celestino Mutis.

Alexander von Humboldt y el sabio José Celestino Mutis

Dos sabios europeos se dan cita en Colombia

En la época de Humboldt la ciencia y el arte eran vistos como agua y aceite, pero él añadió su visión personal a sus observaciones científicas. Era un genio polifacético y atractivo a quien llamaron el Shakespeare de la ciencia. También decían que era el hombre más famoso del mundo después de Napoleón.

José Celestino Mutis dio alojamiento a Humboldt cuando estuvo en Santa Fe de Bogotá. En esa ciudad el sabio alemán también conoció a Francisco José de Caldas, quien tradujo uno de los libros de Humboldt al español. El alemán defendió la idea de que en la red de la vida los animales y las plantas subsistían conectados y afectándose los unos a los otros. El concepto era impensable hasta que él lo enunció.

Retrato del naturalista Alexander von Humboldt. 1806. (Fotografía: Wikimedia Commons).

La botánica andina y su importancia en la Ilustración

Los Andes resultaron esenciales en su pensamiento, pues cuando recorrió la cordillera, experimentó el trópico, los valles, y vio de primera mano la vegetación y sus cambios dependiendo de la altura, comprendió que la naturaleza era un ente global. Siempre deseoso de expandir sus conocimientos, viajó a Bogotá para conocer los libros de botánica de José Celestino Mutis, considerados tan valiosos como los mejores de Europa. Decidió atravesar los Andes y escalar, entre otras, la montaña del Chimborazo, en Ecuador, que tiene más de 6200 metros de altura. Narró aquel viaje pionero y temerario a Simón Bolívar cuando se conocieron en Europa y el venezolano nunca lo olvidó. De hecho, tan solo unos años después siguió la ruta de Humboldt como parte de su campaña libertadora.

Vocabulario

cosmología:	parte de la astronomía que estudia las leyes generales, el origen y la evolución del universo
germinar:	comenzar a desarrollarse desde la semilla
allanar:	entrar en casa ajena contra la voluntad de su dueño
polifacético:	que tiene capacidad para realizar varias actividades distintas

La expedición botánica

Un ambicioso proyecto botánico

José Celestino Mutis, sabio naturalista español, llegó a Bogotá en 1760 como médico personal de uno de los últimos virreyes coloniales, Pedro Mesía de la Cerda. El virrey regresó a España después de expulsar a los jesuitas, cuya partida fue una gran pérdida para la vida intelectual y educativa del país, pero Mutis se quedó estudiando la riqueza de especies botánicas del trópico. Fundó la Expedición botánica, un ambicioso proyecto que aspiraba a clasificar todas las especies botánicas de la franja suramericana situada al norte de la línea ecuatorial. El propósito sobrepasaba las capacidades de cualquiera, pero acometió la empresa con la ayuda de un equipo de investigadores y asistentes, entre ellos varios mestizos expertos dibujantes de plantas. Sus logros fueron tan notables que la Academia de Ciencias Sueca lo admitió como miembro honorario.

José Celestino Mutis y Bosio (1732-1808) (Fotografía: Wikimedia Commons).

Futuros cabecillas de la Independencia formaron parte del equipo de Mutis

Mutis escogió a sus colaboradores entre la comunidad científica criolla. Sus tertulias, donde también se hablaba de política, fueron un espacio propicio para discutir y madurar la idea de la independencia. Varios de sus discípulos se convirtieron en personajes importantes de la historia colombiana. Entre ellos destacan su propio sobrino, Sinforoso Mutis Consuegra, el científico naturalista Francisco José Caldas, el botánico Francisco Antonio Zea –quien llegó a ser director del Real Jardín Botánico de Madrid– y Antonio Nariño, precursor de la patria. Si bien Nariño no fue un miembro oficial de este círculo, la correspondencia que dirigió a Mutis permite inferir su adhesión ideológica al grupo.

Para finales del siglo XVIII, existía la queja común de la discriminación política contra los criollos y la protesta constante por las restricciones comerciales que imponía España, aunque en casos de emergencia bélica se otorgaban permisos excepcionales. Tales licencias se concedieron muy a menudo en la época final de la Colonia porque las guerras españolas de los períodos revolucionario y napoleónico franceses hacían imposible que se surtieran los productos que se necesitaban en América. Hasta cierto punto, esas excepciones estimularon el comercio directo con los Estados Unidos. Por otra parte, se cuestionaba cada vez más el sistema político español, que no permitía expresiones de representación política, excepto en el nivel de la administración municipal bajo la forma de los cabildos.

Las ideas independentistas llegaron a pesar de la censura

Las nuevas ideas llegaron a las colonias a pesar de la censura. Después de la revolución francesa y de la independencia de Estados Unidos, fueron cada vez más quienes comenzaron a ansiar la independencia. Como dijo el escritor parisino Víctor Hugo, «no hay nada más poderoso que una idea a la que le ha llegado su momento».

Acuarela sobre papel, dibujo de Salvador Rizo, *Mutisia Clematis*, pertenece al material descrito y catalogado por la Expedición botánica de Celestino Mutis (Real Jardín Botánico (CSIC), «La Botánica en la expedición Malaspina», Madrid, DIV III 1154- Wikimedia Commons).

Vocabulario

sobrepasar: superar o aventajar en una actividad, cualidad o característica
acometer: atacar con ímpetu y fuerza contra algo o contra alguien
tertulia: reunión de personas que se juntan habitualmente para conversar o recrearse
propicio: que es oportuno o favorable
naturalista: denominación con la que se conoció a los investigadores que realizaron estudios sobre ciencias naturales o historia natural desde el siglo XVII
adherir: pegar o unir resistentemente mediante una sustancia aglutinante
queja: expresión de dolor, pena o sentimiento
bélico: perteneciente a la guerra
surtir: proveer a alguien de algo
excepción: que se aparta de la regla o condición general de las demás de su especie
cabildo: en la época colonial, corporación local que representa a la población y sus intereses

Investigación

En primer lugar, busca en Internet la influencia que tuvo Alexander Humboldt en América. Ahora, haz un listado de al menos tres cosas que no sabías de sus viajes por el continente sur.

____

____

____

____

____

____

Comprensión del texto

1. Explica la expresión: «No hay nada más poderoso que una idea a la que le ha llegado su momento». ¿Existe algún concepto o palabra equivalente en alemán?

____

____

____

____

2. ¿Por qué las guerras napoleónicas estimularon el comercio entre las colonias españolas y Estados Unidos?

____

____

____

____

3. ¿Cuál era el objetivo de la expedición botánica de Mutis?

____

____

____

____

4. ¿Por qué resultaba natural un encuentro entre Mutis y Humboldt?

____

____

____

____

Antonio Nariño y Camilo Torres

Próceres que incitaron a la declaración de independencia

Retrato de Antonio Nariño por José María Espinosa (Casa Museo del 20 de Julio. Bogotá. Colombia – Wikimedia Commons).

Dos de los más importantes próceres de la independencia colombiana son Antonio Nariño, quien tradujo al español la *Declaración de los los derechos del hombre*, y Camilo Torres, autor del *Memorial de Agravios*. Ambos fueron, eventualmente, presidentes de la nación. El palacio presidencial colombiano se llama Casa de Nariño en honor al prócer.

A fines de 1793 un capitán de la guardia del palacio del virrey le entregó a Antonio Nariño, miembro de la alta sociedad santafereña, una copia en francés del documento básico de la Revolución Francesa, la *Declaración de los derechos del hombre*. Nariño lo leyó con entusiasmo, lo tradujo e hizo circular un par de copias. Cuando

Nariño en prisión

descubrieron que él era el autor, le confiscaron sus propiedades, lo sentenciaron a diez años de prisión en un puesto militar del norte de África y lo condenaron al exilio perpetuo.

Logró escapar cuando el navío se encontraba en la bahía de Cádiz. Estuvo visitando corte tras corte en sus viajes por Europa y fue así como se convirtió en un defensor cada vez más convencido de la independencia. Regresó a la Nueva Granada de incógnito durante cierto tiempo para observar el estado de las cosas y llegó a la conclusión de que el pueblo no estaba listo aún, así que se entregó al nuevo virrey en 1797. Los seis años siguientes permaneció en prisión. Fue liberado y después vuelto a arrestar. Cuando el movimiento independentista se puso en marcha finalmente en 1810, Nariño languidecía en los calabozos de la Inquisición en Cartagena.

Vocabulario

prócer:	hombre ilustre que es respetado por sus cualidades y disfruta de especial consideración entre los de su clase o profesión
entusiasmo:	sentimiento intenso de exaltación del ánimo producido por la admiración apasionada de alguien o algo
confiscar:	atribuir al fisco unos bienes que eran propiedad de una persona, en virtud de una disposición legal
exilio:	pena que consiste en expulsar o hacer salir a una persona de un país o de un territorio.
languidecer:	perder la fuerza, el vigor o la lozanía
calabozo:	lugar generalmente lóbrego e incluso subterráneo, donde se encierra a determinados presos

Camilo Torres y el *Memorial de agravios*

Un memorial de injusticias cometidas por los españoles

En 1808, después de que Quito constituyera una Junta, Bogotá intentó imitarla. El Virrey Antonio Amar y Borbón fue incapaz de evitar que el cabildo de Santa Fe de Bogotá debatiera la propuesta, pero logró atajar la decisión final. Aun así, se llegó a redactar un *Memorial de agravios* para mandarlo a España. Nunca se envió, pero circuló en forma manuscrita de mano en mano. Su autor era uno de los discípulos del sabio Mutis, Camilo Torres. Se convertiría posteriormente en el primer presidente de Colombia y en uno de los líderes y mártires de la lucha por la independencia. El memorial detallaba quejas específicas y recalcaba la injusticia de la presunción española de gobernar a una población americana mayor o tan grande como la de la madre patria. Su denuncia, aunque justa, le costaría eventualmente morir fusilado.

Camilo Torres Tenorio (1766–1816) (Fotografía: Fabricio Cárdenas, Wikimedia Commons).

El crecimiento inconformismo y la preparación de la independencia

Alimentados por el *Memorial de agravios* y la *Declaración de los derechos del hombre y del ciudadano*, los habitantes de la Nueva Granada empezaron a mostrar desacuerdo con las decisiones de la corona española. Torres y otros miembros de la alta sociedad criolla decidieron que debían buscar una excusa que generara conflicto con los españoles y así poder levantarse. El día elegido fue el 20 de julio de 1810.

Vocabulario

constituir: establecer o fundar un organismo, una asociación, una empresa, un imperio, etc.
discípulo: persona que recibe enseñanzas de un maestro o que sigue estudios en una escuela
mártir: persona que sufre o muere por defender su religión o sus ideales
queja: reclamación o protesta que se hace ante una autoridad a causa de un desacuerdo o inconformidad
recalcar: dar énfasis a determinadas palabras o a una afirmación
desacuerdo: falta de acuerdo entre personas o falta de aceptación de una situación, una opinión, etc.

Crisis de la monarquía española

El imperio español se resquebrajó

Mientras los movimientos independentistas prendían en las colonias americanas, en la Península estallaba una crisis de poder. En 1808 Napoleón depuso a Fernando VII, legítimo rey de España, tomó presa a toda la familia real e intentó instalar a uno de sus hermanos en el trono español bajo el nombre de José I.

Cartagena de Indias - pionera en declararse independiente

La junta de Santa Fe de Bogotá juró fidelidad a Fernando VII aun cuando reclamara autoridad total para gobernar en su nombre mientras él permaneciera cautivo. Una vez proclamado el principio de que cada provincia debería ser una entidad independiente, con su propia junta de gobierno, todo el sistema colonial comenzó a resquebrajarse. Algunas poblaciones remotas se declararon independientes de sus respectivas capitales provinciales para convertirse en provincias autónomas. Cartagena, que era de la más ansiosa por seguir su propio camino en lugar de aceptar el liderazgo dictado desde la capital, recibió la noticia de que, dentro de su propia junta, la ciudad de Mompóx se declaraba independiente. Era un puerto importante sobre el río Magdalena donde se almacenaba el oro para mantenerlo fuera del alcance de los piratas mientras la flota que lo transportaría a España tocaba puerto en Cartagena. En 1811, al tratar de obligar a Mompóx a regresar al dominio de Cartagena, las fuerzas de la capital de provincia causaron el primer derramamiento de sangre en combate civil entre patriotas de la Nueva Granada.

Vocabulario

prender:	asir, agarrar, sujetar algo
proclamar:	publicar en alta voz algo para que se haga notorio a todos
resquebrajarse:	henderse ligeramente y a veces superficialmente algunos cuerpos duros, en especial la madera, la loza y el yeso
liderazgo:	ejercicio de las actividades del líder
almacenar:	reunir, guardar o registrar en cantidad algo

Lengua

Escribe la conjunción subordinante que corresponde en cada oración: **porque, tan, si, aunque**

1. Antonio Nariño tradujo la *Declaración de los derechos del hombre*, __________ nunca imaginó las consecuencias.
2. La *Declaración de los derechos del hombre* fue __________ importante como el *Memorial de agravios* en la ideología independentista.
3. El sistema de gobierno colonial comenzó a resquebrajarse __________ todas las provincias querían independizarse, incluso de su capital.
4. __________ no hubiera habido guerras napoleónicas, España habría estado en condiciones de reprimir con mayor dureza los movimientos independentistas.

Comprensión del texto

1. Describe la situación de las colonias durante las guerras napoleónicas.

____

2. Menciona una queja de los criollos respecto al sistema de gobierno español.

____

3. ¿Cuál fue el castigo que recibió Antonio Nariño por traducir la *Declaración de los derechos del hombre*?

____

4. ¿Quién fue el primer presidente de Colombia?

____

5. ¿En qué contexto se produjo el primer derramamiento de sangre patriota?

____

Interpretación

Ahora que ya conoces las circunstancias en que se gestó la independencia, ¿cómo lo resumirías en una frase?

____

____

____

____

____

Investiga

Busca información sobre los distintos movimientos independentistas en las colonias americanas. ¿Cuáles son tus impresiones? Discute las similitudes con tus compañeros.

Lengua

¿Indicativo o subjuntivo? Completa las frases con la forma verbal adecuada.

1. Es evidente que las colonias ______________ (estar) listas para independizarse.
2. No es verdad que Nariño ______________ (haber) previsto las consecuencias de su traducción.
3. La crisis de la monarquía española fue una de las causas que ______________ (propiciar) los movimientos independentistas
4. No todos los criollos estaban de acuerdo con la independencia. Algunos ______________ (creer) que su identidad y su futuro estaban ligados a España.

4. La Independencia

El Museo de la Independencia – Casa del florero, en Bogotá (Fotografía: Baiji, Wikimedia Commons).

El incidente del florero

El florero más famoso de la historia de Colombia está ligado a la anécdota de una reyerta que terminó en el grito de la independencia. El viernes 20 de julio de 1810 era día de mercado y el de mayor concurrencia en la plaza mayor. Al mediodía, Luis de Rubio se acercó a la casa del español José González Llorente y le pidió prestado un florero para decorar la mesa donde homenajearían al comisionado que enviaba España, el quiteño criollo Antonio de Villavicencio. Los organizadores estaban seguros de que Llorente se negaría a prestar el florero porque no aceptaba que los criollos agasajaran a otro criollo, incluso si era un enviado de la corona de España. Tras la previsible negativa, se valieron de ella para caldear los ánimos del pueblo en contra de los españoles. El florero fue la excusa para generar la revuelta que culminaría con el grito de la independencia.

Aunque Bogotá no fue la primera ciudad neogranadina en emanciparse –se anticiparon provincias como la de Cartagena–, se considera que el 20 de julio de 1810 es la fecha oficial de la independencia en Colombia. Una vez que la capital rompió lazos con España, se iniciaron intensas luchas libertarias contra los representantes de la corona española. Sin embargo, una vez que se vieron libres de sus opresores, surgieron divisiones internas que le impidieron consolidarse como nación.

La patria boba (1810–1816)

Tras el primer grito de independencia, el 20 de julio de 1810, dio inicio a una era de inmadurez política que duró hasta 1816 y que ha pasado a ser conocida como la «Patria boba». Se caracterizó por la inestabilidad gubernamental, las divisiones incluso dentro de las propias provincias, y varias guerras regionales y civiles que desangraron la nación.

Inestabilidad gubernamental tras la declaración de independencia

Uno de los principales conflictos era que los habitantes de Nueva Granada no se ponían de acuerdo sobre su forma ideal de gobierno, pues algunos querían un sistema central, el centralismo, y otros un sistema federal, el federalismo, a imitación de lo que habían hecho en Estados Unidos. Los frecuentes combates contribuyeron al colapso. Además, los jefes revolucionarios criollos no tenían experiencia administrativa más allá del nivel municipal. Su frecuente falta de sentido práctico e inmadurez política abrieron la brecha que los españoles esperaban para recuperar sus antiguos territorios.

Guerra entre los centralistas y los federalistas

Vocabulario

reyerta:	riña o enfrentamiento en que los rivales se agreden físicamente
homenajear:	demostración pública de admiración y respeto hacia una persona
quiteño:	nacido en Quito, Ecuador
florero:	recipiente de cerámica, vidrio, metal, etc., más alto que ancho, para poner flores
caldear:	excitar o acalorar los ánimos de alguien o hacer que se pierda la calma provocando un estado propicio para las discusiones y las riñas
romper lazos:	romper relaciones
división:	parte o grupo que resulta de dividir un todo
conflicto:	oposición o desacuerdo entre personas o cosas
colapso:	destrucción o ruina de un sistema, una institución o una estructura
inmaduro:	que no ha alcanzado el grado de desarrollo físico o mental de la edad que tiene
brecha:	abertura o rotura irregular en una superficie, especialmente la que un ejército hace en las defensas enemigas

Análisis

1. ¿Cuáles crees que son las prioridades de una patria joven?

2. ¿Por qué crees que las colonias inglesas se supieron organizar mejor que las americanas en cuanto se declararon independientes?

____

____

____

3. Si hubieras vivido en la Nueva Granada en 1810, ¿qué sistema hubieras recomendado, el centralista o el federalista? Explica tu elección.

____

____

____

____

____

Lengua

Busca y traduce los verbos que corresponden a los siguientes sustantivos y forma frases con ellos.

el colapso → ______________________________

____

la liberación → ______________________________

____

el combate → ______________________________

____

el derramamiento → ______________________________

____

la división → ______________________________

____

la declaración → ______________________________

____

la caracterización → ______________________________

____

el sometimiento → ______________________________

____

Gramática

Practica el pretérito pluscuamperfecto. Recuerda que se forma con el pretérito imperfecto del verbo auxiliar haber + el participio del verbo que describe la acción de la que hablamos.

Los patriotas ya se ______________________ (levantar) en armas cuando los colonizadores se dieron cuenta y no pudieron detener el grito de independencia.

La primera guerra civil parecía ______________________ (calmarse), cuando iniciaron nuevos enfrentamientos.

Cuando los santafereños proclamaron su independencia, ya Cartagena ______________________ (proclamar) la suya.

Para cuando Llorente quiso cambiar de opinión sobre el préstamo del florero, ya ______________________ (estallar) el movimiento independentista.

Cuando los santafereños se emanciparon, Antonio Nariño ya ______________________ (madurar) la idea de la independencia.

El Régimen del terror

España quiso someter a sus antiguas colonias

Mientras en la Nueva Granada se libraba una <u>batalla</u> entre centralistas y federalistas, en España, Fernando VII retomó el trono español y el dominio absoluto. Impartió la orden de recuperar las colonias que se habían independizado, una tarea que le encargó a Pablo Morillo, <u>apodado</u> con ironía «El pacificador». Lo puso al mando de una tropa de cerca de 10600 soldados. Su campaña militar fue tan cruel y brutal que pasaría a la historia con el nombre del régimen del terror.

El heroico y trágico sitio de Cartagena

En el <u>muelle</u> de Santa Marta las tropas españolas fueron aclamadas porque la ciudad siempre había sido partidaria de continuar la unión con España, pero en Cartagena la situación era totalmente distinta. Sus habitantes <u>se atrincheraron</u> tras las murallas, que habían sido construidas por los españoles para proteger a la ciudad de los piratas ingleses. La resistencia fue heroica, pero las tropas de Morillo impusieron un <u>estado de sitio</u> en septiembre de 1815. La situación llegó a ser tan <u>insoportable</u> que la ciudad se rindió el 6 de diciembre. Se calcula que murieron entre cuatro y seis mil personas, es decir, entre una tercera parte y la mitad de la población.

Sabían que su caída no solo representaba su derrota ante los españoles, sino que también abría las puertas para la <u>reconquista</u> a sangre y fuego del resto de la nación. Resistieron durante 105 días sin víveres ni apenas agua, de modo que cuando las tropas de Morillo entraron a la ciudad, se encontraron con cientos de cadáveres. Muchos soldados habían muerto de hambre en sus puestos de vigilancia, aferrados a sus armas. Las tropas españolas encontraron a los sobrevivientes <u>famélicos</u>. Se habían alimentado con animales mientras los hubo: caballos, perros y hasta ratas. Por último, cuando ya no quedaba ni una criatura viva, recalentaron el cuero curtido con tal de tener algo que masticar. Los cartageneros resistieron más allá de donde era humanamente posible e imaginable. Desde entonces a Cartagena de Indias se la conoce como la <u>heroica</u>.

La reconquista del Virreinato

Nuevas instituciones españolas para condenar a los independentistas

La primera medida de Morillo en Cartagena fue ordenar ejecuciones y organizar la entrada al interior del virreinato. Restablecido el poder español en Santa Fé, Morillo instituyó el régimen del terror. Primero con los consejos de guerra, para condenar a muerte en sentencia rápida y sin defensa posible a los caudillos de la república. Fueron llevados al patíbulo Camilo Torres, Francisco José de Caldas y toda una pléyade de mártires. Posteriormente Morillo estableció los consejos de purificación para que quienes habían colaborado con la independencia repararan a la corona. Las juntas de secuestro se encargaron de incautar las propiedades de los patriotas en favor del ejército español y los tribunales de la Inquisición castigaron y expropiaron a los curas que habían apoyado el movimiento independentista. Todas estas instituciones dictaron condenas y castigos tan despiadados que el propio virrey, Francisco Montalvo, sentó su protesta desde Santa Marta.

Pablo Morillo (1775–1837). Apodado «El pacificador» (Museo del Hermitage, San Petersburgo – Wikimedia Commons).

La extrema crueldad de las medidas y la carga tributaria que representó sostener el ejército español motivaron a mucha gente a escapar a los campos y bosques y a organizarse en guerrillas. Así se fue transformando la naturaleza de la guerra civil en una nueva revolucionaria contra la corona.

Primeras guerrillas colombianas en Casanare

Las guerrillas más destacadas fueron las de Casanare, al oriente del país, porque constituyeron el núcleo del ejército patriota que, eventualmente, conseguiría la libertad definitiva para la nación. Estas fuerzas, sumadas a las del venezolano José Antonio Páez, derrotaron en varias ocasiones al ejército del propio Morillo y lo llevaron a reconocer que «no enfrentaba gavillas de cobardes», como se lo habían informado, sino a tropas organizadas.

Vocabulario

famélico:	que tiene o pasa mucha hambre
ejecución:	acto de dar muerte a una persona en cumplimiento de una condena
sentencia:	resolución de un juez o un tribunal con la cual se concluye un juicio o un proceso
pléyade:	grupo de personas que destacan en una actividad, generalmente relacionada con la literatura o el arte, y que viven en la misma época
incautar:	tomar posesión legal [una autoridad competente] de dinero o determinados bienes de una persona
expropiar:	quitar legalmente una propiedad a una persona por motivos de interés público, dándole generalmente a cambio una indemnización
despiadado:	que no siente ni muestra pena o compasión por nada, especialmente por la desgracia o el sufrimiento ajeno
guerrilla:	tropa constituida por grupos poco numerosos que hostilizan al enemigo por medio de ataques por sorpresa o al descubierto
gavilla:	conjunto de personas, especialmente si son de baja condición

Comprensión del texto

1. ¿A qué se conoce como el régimen del terror?

____

____

2. ¿Cuáles fueron las órdenes que recibió Pablo Morillo?

____

____

3. De acuerdo con el texto, ¿había alguna ciudad que recibiera a las tropas españolas?

____

____

4. Explica la frase «Los cartageneros resistieron más allá de donde era humanamente posible e imaginable. Desde entonces a Cartagena de Indias se la conoce como la heroica».

____

____

____

____

____

____

Lengua

Practica el pretérito imperfecto completando estas frases.

1. Pablo Morillo ______________ (recibir) la orden de reconquistar las colonias.
2. Los habitantes de Nueva Granada no ______________ (resistir) el ataque de las tropas españolas.
3. Las colonias ______________ (disfrutar) apenas seis años de libertad antes de la reconquista.
4. Los soldados cartageneros aguantaron aferrados a sus armas hasta que ______________ (morir).

La Campaña Libertadora de 1819

El documento visionario de Bolívar

General Francisco de Paula Santander, hoy en la Casa de Nariño, Bogotá (Fotografía: Wikimedia Commons).

En 1815, en las Antillas, Bolívar escribió la *Carta de Jamaica*, documento histórico y sociológico de trascendencia continental. En aquella isla obtuvo apoyo de Inglaterra y de Haití, cuyo presidente, Alejandro Petión, y el marino Luis Brion, surtieron las expediciones de Los Cayos. Desde allí reconstruyó las bases de la lucha. A comienzos de 1817 Bolívar desembarcó en el oriente venezolano y ocupó el puerto estratégico de Angostura para establecer su base de operaciones, consolidar su liderazgo y organizar el gobierno.

Caracas bajo el dominio absoluto de los españoles

Su plan era liberar Caracas, pero fue derrotado en La Puerta y tuvo que regresar al Orinoco a replantear su estrategia de combate. La difícil situación de Venezuela, arruinada por la guerra, contrastaba con la bondad económica de la Nueva Granada, que pese al brutal régimen del terror mantenía productiva su agricultura, ganadería y minería. Bolívar se dio cuenta de que era inútil proseguir la lucha en Venezuela contra la principal fuerza enemiga, que doblaba en número a las fuerzas patriotas. En agosto ascendió a general al neogranadino Francisco de Paula Santander y lo envió a Casanare con el material necesario para organizar una división. Santander logró en poco tiempo el cometido que le habían encargado.

El paso de los Andes abrió las puertas de la nueva independencia

Bolívar reunió a su estado mayor y les expuso su temerario plan de campaña: converger sobre el interior del virreinato con tres columnas, sin dar tiempo de reaccionar a los soldados de Morillo. Ese plan significaba superar un formidable obstáculo: cruzar la cordillera oriental; son caminos escarpados, llenos de abismos y páramos. Esta hazaña heroica se conoce en la historia de Colombia como *El paso de los Andes*. El Libertador partió con 3000 hombres. Mal vestidos y peor equipados, sufrieron por la nieve y el soroche o mal de páramo. Muchos murieron de frío o de hambre y otros se despeñaron con sus caballos por los precipicios.

El hielo de la montaña cobró más víctimas que las fiebres de los pantanos y las balas del enemigo, pero Bolívar siguió adelante. En tono conmiserativo, heroico o imperativo convenció a los sobrevivientes de que continuaran hasta el otro lado. De los 3000 hombres con los que inició el ascenso, 1800 murieron. Con los 1200 que quedaban y los patriotas neogranadinos de Santander que habrían de sumárseles tan pronto llegaran a Tunja, debía bastar para expulsar de la Nueva Granada al virrey y a todo el ejército de Morillo.

La esperanza de los independentistas renace

El tránsito del ejército libertador por el páramo de Pisba, a unos 3500 metros de altura, fue una enorme proeza por las penalidades que implicó, la pérdida de hombres valientes y el estoicismo de quienes sobrevivieron a sabiendas de que abajo les esperaba otra batalla. Pero superado ese obstáculo, su presencia en las inmediaciones de Tunja despertó el entusiasmo y la solidaridad de los pobladores, que les llevaron comida, víveres, mantas, ropas y cuanto pudiera serles útil. De tal forma, Bolívar pudo recuperar su ejército y contar con una semana sin enemigo a la vista.

Vencer o morir

Los dos ejércitos tuvieron varios encuentros hasta el que marcó un punto de inflexión en el combate, en el Pantano de Vargas, de Boyacá. El Libertador quedó con el río a sus espaldas y sin otra posibilidad que vencer o morir.

La batalla del Pantano de Vargas fue una de las más sangrientas de la guerra de independencia; los efectivos de los dos bandos sufrieron cuando menos la tercera parte de bajas. Sus consecuencias fueron de carácter moral. Las tropas realistas, comandadas por Barreiro, se dieron por vencidas y tomaron una actitud pasiva. En contraste, Bolívar amplió su ventaja con un movimiento nocturno que lo llevó a Tunja, donde cortó las líneas de comunicaciones al enemigo y lo obligó a marchar en difíciles condiciones al desolado caserío de Motavita. El Libertador llegó a Tunja en la mañana del 7 de agosto y marchó al encuentro de las desprevenidas tropas de Barreiro en el Puente de Boyacá. El ejército realista sufrió un centenar de bajas, el patriota apenas doce muertos y cincuenta y dos heridos. El 7 de agosto es día festivo en Colombia, pues en esa fecha se conmemora el triunfo del ejército liderado por Simón Bolívar y la derrota de las tropas realistas.

Monumento a los lanceros de la batalla del Pantano de Vargas, Boyacá (Fotografía: Kamilokardona, Wikimedia Commons).

Óleo figurando la Batalla de Boyacá, obra de Martín Tovar y Tovar, 1902 (Palacio Federal de Caracas, Wikimedia Commons).

Los españoles abandonaron la batalla

A pesar que la batalla de Boyacá fue un combate de encuentro, el Libertador lo ganó antes de librarlo al colocar a su enemigo en tal desventaja que apenas necesitó el contacto para someterlo. La sorpresa y rapidez con las que actuó el ejército patriota desmoralizaron al enemigo. Ese triunfo abrió las puertas al gobierno republicano, libre y soberano de la Nueva Granada.

Concluida esta etapa de la guerra de independencia, continuarían las campañas libertadoras de Venezuela, del Perú y del sur del continente, dando lugar con ello al nacimiento de una serie de naciones independientes que se formarían en el siglo XIX.

Vocabulario

trascendencia:	consecuencia o resultado de carácter grave o muy importante que tiene una cosa
liderazgo:	ejercicio de las actividades del líder
derrota:	acción y efecto de ser derrotado, perder un combate
arruinar:	perder la mayor parte o la totalidad de sus bienes
bondad:	natural inclinación a hacer el bien
inútil:	que no puede trabajar o moverse por impedimento físico
temerario:	que acomete una acción peligrosa con valor e imprudencia
formidable:	que tiene alguna cualidad o característica positiva en alto grado
soroche:	mal de alturas o de montaña
páramo:	lugar frío y desamparado
despeñar:	arrojar algo o a alguien desde un lugar alto
pantano:	terreno hundido donde las aguas se estancan de forma natural
conmiserativo:	que siente compasión del mal de alguien
expulsar:	echar o hacer que una persona abandone o salga de un lugar
proeza:	acción de gran esfuerzo y valor
estoicismo:	fortaleza y dominio sobre uno mismo, especialmente ante las desgracias y dificultades
víveres:	provisiones o comestibles necesarios para la alimentación de un grupo de personas, especialmente si se encuentran en una situación de emergencia o de guerra
desolado:	que está arruinado, yermo, vacío o sin vida
caserío:	conjunto formado por un número reducido de casas
desprevenido:	no preparado, no advertido para algo
conmemorar:	recordar un acontecimiento histórico o a una persona destacada mediante la celebración de un acto solemne o fiesta
desventaja:	circunstancia de ser peor o estar en peor situación una cosa respecto a otras de la misma naturaleza con la que se compara
desmoralizar:	hacer perder el ánimo, la moral o la esperanza a alguien

Comprensión del texto

¿Verdadero o falso? Si la frase es falsa, escríbela de nuevo con la información correcta.

1. Las tropas realistas vencieron sin dificultad a las patriotas en el pantano de Vargas.

____

____

2. Simón Bolívar dirigió un ejército de más de diez mil hombres en el paso de los Andes.

3. El soroche es un malestar que producen las grandes alturas.

4. La liberación de Nueva Granada abrió el camino para las campañas libertadoras de Centroamérica.

5. El 7 de agosto se conmemora en Colombia el triunfo de las tropas patriotas sobre las españolas.

6. En el paso de los Andes murió más de la mitad del ejército de Bolívar.

7. El tránsito del ejército libertador por el páramo de Pisba era una estrategia militar sencilla y previsible.

Interpretación

1. ¿Qué país o países ayudaron a Bolívar con recursos para la toma de Angostura?

2. Haz una breve comparación entre las circunstancias del primer grito de independencia, en 1810, y la campaña libertadora de 1819.

Comentario

Imagina que eres uno de los primeros soldados que se ofrecen a cruzar la cordillera con Bolívar. ¿Qué dirías a otros hombres para convencerlos de que los acompañen?

Simón Bolívar, el Libertador

Cinco países, un solo sueño libertador

Simón Bolívar deseaba unir a la América Meridional para formar una sola patria. Conocido como el Libertador, se le considera un héroe en las cinco naciones que ayudó a liberar del régimen realista: Colombia –de la que luego se independizaría Panamá–, Venezuela, Perú, Ecuador y Bolivia. Su compleja personalidad ha sido motivo de numerosos estudios, incluso es el protagonista de una novela de Gabriel García Márquez, *El general en su laberinto*. Sus múltiples facetas, a veces contradictorias entre sí, siguen despertando fascinación, pues en él confluían el visionario, el estratega, el gobernante, el líder, el libertador y el dictador. Su fama de gran militar solo era igualada por su reputación de mujeriego y donjuán; en la mayoría de lugares por donde pasó tuvo relaciones con jóvenes locales a las que seducía con facilidad. Era competitivo y se encolerizaba cuando perdía jugando a las cartas, pero también sentía un gran aprecio por los animales y criaba perros que recogía de las calles. No existe un único Bolívar, de modo que es difícil definir y simplificar la paradoja de su multiplicidad. Hizo mucho más que liberar naciones: desató fuerzas históricas, dio a los neogranadinos un héroe con quién identificarse y ayudó a sus compatriotas a mirar con otros ojos la tierra en la que habían nacido. El continente, saqueado durante tres siglos para llenar las arcas del imperio español, se reveló a sí mismo como un tesoro mucho mayor gracias a su mestizaje, su geografía y biodiversidad. Todo ello se hizo visible y cobró notoriedad tras la gesta libertadora.

Vocabulario

visionario:	que se adelanta a su tiempo o tiene visión de futuro
mujeriego:	dicho de un hombre aficionado a las mujeres
encolerizarse:	alguien que se pone colérico o furioso

paradoja:	empleo de expresiones o frases que encierran una aparente contradicción entre sí
compatriota:	persona de la misma patria que otra
mestizaje:	cruce de razas diferentes
cobrar notoriedad:	ganar importancia
gesta:	conjunto de hechos memorables

La forja de un héroe

El Libertador (Bolívar diplomático). 1860 (Colección de arte del Banco Central de Venezuela. Caracas. Wikimedia Commons).

Simón José Antonio de la Santísima Trinidad Palacios y Blanco nació en Caracas, Venezuela, el 24 de julio de 1783. Sus padres murieron y su abuelo se hizo cargo de él. Resultó tan difícil de educar debido a su carácter inquieto, que el abuelo, desesperado, se lo encargó a Simón Rodríguez, un europeo que había crecido con las ideas de la Ilustración. Era pocos años mayor que su alumno, pero le bastó ver al muchacho para entender qué necesitaba. Su manual pedagógico fue *Emilio o De la educación*, de Jean Jacques Rousseau, que profesaba el amor a la naturaleza y la pasión de las nuevas ideas. Entre diálogos y cabalgatas, lecturas y largas jornadas de ejercicio físico, Rodríguez supo dirigir aquel torrente de energía por el cauce de las ideas liberales y descubrió cómo brindar sosiego a aquella alma inquieta.

La Ilustración fue clave para Bolívar

Bolívar era hijo de la aristocracia venezolana, pero se sentía parte de una sociedad criolla y mestiza. Siempre proclamó con orgullo que lo había amamantado la negra Hipólita, esclava de la hacienda familiar, a quien la madre de Bolívar acudió cuando sus quebrantos de salud le impidieron hacerse cargo de su hijo. Este hecho fue recordado por el propio Bolívar en diversas oportunidades y siempre sintió por Hipólita tanto cariño que la consideraba como su madre y su padre. Él mismo le concedió la libertad en 1821. Por otra parte, el hecho de crecer entre llaneros, aumentó su apego a la tierra y su sentido de pertenencia a aquella gente.

Viajó varias veces a Europa y en una de esas ocasiones, con tan solo diecinueve años, conoció en España a María Teresa del Toro, quien era tres años mayor que él. El amor que surgió entre ellos fue tan avasallador, que poco tiempo después él le propuso matrimonio. Se casaron en Madrid y de ahí

Bolívar viajó viudo y deprimido a Europa y volvió convertido en el futuro libertador

partieron a la Coruña, desde donde se embarcarían a Caracas. La joven pareja se instaló en la hacienda familiar de los Bolívar y allí vivieron felices hasta que, ocho meses más tarde, ella murió de fiebre amarilla. Fue un golpe emocional tan profundo para él que juró jamás volver a casarse y no lo hizo nunca más. Al verlo tan deprimido, su familia temió por su salud y decidieron enviarlo a un nuevo viaje por Europa.

Vocabulario

profesar:	tener una determinada inclinación o un sentimiento intenso hacia algo o alguien
cabalgata:	montar a caballo o sobre otra cabalgadura
cauce:	conducto, medio o procedimiento para algo
sosiego:	estado de tranquilidad o calma en algo o alguien
amamantar:	dar de mamar
quebranto:	decaimiento físico o moral
llanero:	hombre de campo que habita en los llanos venezolanos y se dedica a las tareas rurales, especialmente las relacionadas con la cría de ganado
apego:	afición o inclinación hacia alguien o algo
avasallar:	que domina o atropella con fuerza e ímpetu
deprimir:	causar decaimiento del ánimo

Entre Europa y América

Napoleón y Bolívar

Cuando Simón Rodríguez se reencontró con su antiguo alumno en Francia, en 1805, Bolívar estaba muy descompuesto. Viudo y rico, derrochaba la riqueza de sus haciendas. Rechazaba a Napoleón y se había atrevido a condenarlo en salones y banquetes en presencia de sus partidarios, pero al mismo tiempo lo admiraba. Rodríguez, que no había perdido su embrujo sobre su antiguo pupilo, volvió a ser un buen maestro y se fueron juntos a pie por los Alpes desde Francia hasta Italia, una buena preparación física para las campañas libertadoras que Bolívar lideraría después.

La hazaña de Aníbal como inspiración

El hombre que cruzaría en guerra los páramos de los Andes y que siguiendo los pasos de Humboldt escalaría el Chimborazo, que atravesaría al lomo de su cabalgadura un continente mucho más vasto y difícil que Europa, no dejaría de evocar la proeza realizada por el militar cartaginés Aníbal, en el año 247 a.C., una de las más osadas y resolutivas de la Antigüedad. Aníbal partió de Hispania y atravesó los Alpes con su ejército para conquistar la Península Itálica. Su ataque fue tan audaz y sorpresivo que le permitió vencer a los romanos en sucesivos enfrentamientos. Es uno de los eventos más notables de táctica militar de la historia y fue el recorrido que hicieron los dos Simones, Rodríguez y su pupilo, quien entonces tendría poco más de veinte años. Llegaron a la Italia de Julio César y luego viajaron hasta Milán. En la llanura de Montesquiaro vieron de cerca a Napoleón, entonces ya coronado emperador y rodeado de sus generales. Bolívar sintió el magnetismo de aquel hombre que había cambiado la historia. Si bien era la segunda vez que veía a Napoleón, fue la única vez que Napoleón vio a Bolívar, aunque no podía imaginar a quién estaba viendo. Los dos simones se situaron muy cerca del trono del emperador. Napoleón lo veía todo y, según le contó Bolívar tiempo después a Luis Perú de Lacroix, varias veces dirigió su lente hacia los dos Simones, hasta que el propio Rodríguez, temiendo que el emperador los tomara por espías, aconsejó a su discípulo que se retiraran.

El sabio Humboldt se encontró con el futuro Libertador

En ese viaje a Europa tuvo lugar otro acontecimiento decisivo para Bolívar y para la historia: su encuentro con Humboldt, quien había visitado América y la había visto con los ojos de la Ilustración y del Romanticismo. El propio Bolívar dijo que Humboldt había visto en tres años en el nuevo continente más de lo que habían visto los españoles en tres siglos, pues supo ver la belleza donde otros solo habían visto una fuente de rapiña y admiró aquel mundo virgen, exuberante, la variedad de flores, la ferocidad de la selva, la singularidad de los ríos que a veces eran tan anchos que desde una orilla no llegaba a verse la contraria. A través de los ojos de Humboldt, Bolívar dejó de ver la América explotada por los españoles y vio una tierra que podría recuperar su verdadera identidad una vez que se liberara.

Durante aquel encuentro, Humboldt le aseguró a Bolívar que las colonias americanas estaban listas para la independencia, pero que no veía quién iba a dirigir esa empresa. No imaginó la mecha que estaban encendiendo sus palabras. Aimé Bonpland, el compañero de viaje de Humboldt, que estaba presente durante aquella conversación, dijo entonces: «Las mismas revoluciones producen grandes hombres dignos de realizarlas».

Un pensador original para un mundo nuevo

El Bolívar de diecinueve años que se había ido de Venezuela tras enviudar, regresó a Caracas en febrero de 1807. El país no era el mismo que había dejado ni él tampoco, pues para entonces ya era un pensador original que no imitaba a nadie: ni a la organizada Inglaterra ni a la pensativa Francia. Sabía que su América iba a ofrecer posibilidades aún inconcebibles si se permitía ser protagonista de su propia lucha y si lograba unir, por medio de la fraternidad, lo que cuatro siglos de conquista española habían fragmentado. El suyo era un mundo dividido entre criollos, indios, negros, mestizos, mulatos, cuarterones y zambos. El principal reto consistía en impedir que aquella diversidad derivara en anarquía, en evitar que la división de razas y costumbres acabara dando origen a una guerra interminable. Lo más difícil era dar el primer paso hacia lo desconocido: la campaña por la libertad.

Uno de los generales más grandes de todos los tiempos

El hombre que lideró las campañas libertadoras de cinco países recorrió una distancia equivalente a dar más de dos veces la vuelta al mundo, sobrevivió a más de veinte intentos de asesinato, vivió en medio de constantes conflictos, fue traicionado por sus amigos, tuvo muchos enemigos y, finalmente, lo sorprendió la muerte cuando se dirigía al exilio voluntario en Europa. Según su médico, Alejandro Reverend, murió de tisis tuberculosa, el mismo mal que había acabado con la vida de su padre y de su madre. Tenía apenas cuarenta y siete años. Hoy figura entre los generales más grandes de todos los tiempos, pero es diferente de todos, porque mientras ellos tomaron el poder motivados por la ambición, Bolívar lo invirtió todo en sus campañas y gastó hasta el último centavo de su rica herencia en el sueño de la libertad. Nació en una de las haciendas más prósperas de Venezuela y murió pobre, en una cama ajena, en la Quinta de San Pedro Alejandrino, cerca de Santa Marta.

Vocabulario

derrochar: gastar sin medida el dinero o patrimonio
embrujo: fascinación o atracción misteriosas que ejerce una persona o cosa
lomo: en los cuadrúpedos, todo el espinazo
cabalgadura: animal en que se cabalga o monta
proeza: acción valerosa
osado: que tiene osadía, que se atreve con audacia
audaz: osado, atrevido
rodeado de: en la mitad de varias cosas que lo cercan
lente: objeto transparente que se coloca cerca del ojo para corregir defectos de la visión
espía: persona que con disimulo y secreto observa o escucha lo que pasa, para comunicarlo al que tiene interés en saberlo
rapiña: robo o saqueo que se ejecuta con violencia
exuberante: abundante y copioso en exceso
ferocidad: cualidad de fiero, agresivo o brutal
orilla: término, límite o extremo de la extensión superficial de algunas cosas
mecha: cuerda de cáñamo que servía para prender la carga en las antiguas armas de fuego
enviudar: quedar viudo o viuda por el fallecimiento del cónyuge
inconcebible: que no puede comprenderse
fraternidad: relación de amor o solidaridad entre hermanos o entre quienes se tratan como tales
mulato: dicho de una persona nacida de padres de raza negra y blanca
cuarterón: en la América colonial, nacido de mestizo y español, o de español y mestiza
zambo: nacida de negro e india, o de indio y negra
desconocido: persona, dato u objeto cuyo origen o identidad no se conocen
traicionar: faltar a la fidelidad que se debe a una persona, grupo o doctrina
tisis tuberculosa: infección que afecta a los pulmones
ambición: inclinación excesiva a conseguir fama, poder o riquezas
ajeno: que pertenece a otra persona

Comprensión del texto

1. ¿Por qué fue trascendental el encuentro entre Bolívar y Humboldt?

____

____

2. Explica el significado de la frase: «Las mismas revoluciones producen grandes hombres dignos de realizarlas».

____

____

3. Observa la imagen de Simón Bolívar y describe qué sensación te transmite.

___

___

4. ¿Por qué la Ilustración cambió la imagen que se tenía de América?

___

___

Lengua

En el siguiente párrafo, cambia los verbos en condicional por pretérito perfecto simple:

El hombre que cruzaría en guerra los páramos de los Andes y que siguiendo los pasos de Humboldt escalaría el Chimborazo, que atravesaría al lomo de su cabalgadura un continente mucho más vasto y difícil que Europa, no dejaría de evocar la proeza realizada por el militar cartaginés Aníbal, en el año 247 a.C., una de las más osadas y resolutivas de la Antigüedad.

___

___

___

___

___

___

___

___

La Gran Colombia (1819–1830)

Mapa de la Gran Colombia en 1824, según lo previsto por Francisco de Miranda, obra de Agustín Codazzi, del Atlas físico y político de la República de Venezuela, 1840 (Wikimedia Commons).

Colaboración entre Nueva Granada y Venezuela

Unos meses después de la victoria de Boyacá, el Congreso de Angostura proclamó la unión de todo el territorio que anteriormente conformaba el virreinato de la Nueva Granada, que sería una nación única, la República de Colombia. En aquel momento, el actual territorio de Ecuador seguía bajo dominio español, pero en la Nueva Granada y Venezuela la unión ya era un hecho por la manera como ambas partes habían colaborado en la lucha militar por la independencia. Los ejércitos libertadores, indiscriminadamente compuestos por venezolanos y neogranadinos, habían cruzado las fronteras una y otra vez, y, a la larga, todos habían aceptado el comando supremo del venezolano Simón Bolívar. El Libertador apoyaba esta unión. En Angostura se estableció un gobierno provisional que incluía administraciones separadas para Venezuela y la Nueva Granada. No se adoptó una organización definitiva, sino que se determinó que un congreso constituyente más representativo se encargaría de hacerlo más adelante.

La Gran Colombia, para diferenciarla de la más pequeña Colombia actual, se ocupó, en primer lugar, de eliminar las fuerzas españolas que aún quedaban en su territorio. Posteriormente colaboró en la liberación del Perú y Bolivia. Durante cierto tiempo, la nación disfrutó de relativa estabilidad y de un prestigio sin igual en toda Hispanoamérica. Pero esta estabilidad solamente duraría hasta mediados de 1826. Algunas debilidades estructurales no podían ser resueltas o ignoradas por más tiempo y el congreso constituyente se reunió en Cúcuta, en 1821.

Bolívar fue nombrado presidente de la Gran Colombia

El *Congreso de Cúcuta* fue un modelo de organización. Simón Bolívar fue nombrado presidente y Francisco de Paula Santander como vicepresidente. Ambos se posesionaron solemnemente ante el Congreso de Cúcuta el 2 de octubre de 1821.

Se revivió una vez más el debate entre federalistas y centralistas, tan común durante los anteriores regímenes republicanos tanto en Venezuela como en la Nueva Granada. La complejidad del asunto aumentó debido a que el territorio a centralizar o federalizar era ahora mucho más extenso. Las muchas diferencias llevaron, eventualmente, a la separación de ambas naciones. Sin embargo, en aquel momento se promulgaron varias reformas básicas y urgentes, como acelerar la abolición de la esclavitud. Varios diputados se levantaron para declarar, en medio de lágrimas y ovaciones, que concedían la libertad a sus esclavos.

Vocabulario

supremo:	que tiene el grado más alto o no tiene superior en su especie
provisional:	que no es definitivo sino que está, se pone, se hace, etc., en lugar de otra cosa
colaborar:	trabajar conjuntamente con otras personas en una tarea común
resolver:	encontrar una solución o respuesta para un problema, una dificultad o una duda
solemnemente:	de manera formal y grave
promulgar:	publicar una cosa de forma oficial, especialmente una ley u otra disposición de la autoridad
complejo:	aquello que se compone de diversos elementos, difícil
ovación:	demostración de admiración que un grupo de personas hace en honor de alguien, generalmente mediante aplausos, gritos, etc.

Liberación de Ecuador y Perú y su adhesión a la Gran Colombia

Nueva Granada y Venezuela ayudaron a la liberación de Ecuador y Perú

La campaña de liberación de Ecuador tuvo su culminación en la batalla de Pichincha, el 24 de mayo de 1822. Con esta victoria y la ayuda de Antonio José de Sucre se consolidó la independencia de la Gran Colombia, se consumó la de Ecuador y quedó el camino listo para la batalla contra las últimas fuerzas realistas que quedaban en el Perú, país donde José de San Martín declaró la Independencia.

La Capitulación de la batalla de Pichincha. Óleo de Antonio Salas, año 1822 (Fotografía: germanan94. Wikimedia Commons).

La Gran Colombia organizó el *Primer Congreso Interamericano en Panamá*, en 1826. Fueron invitadas todas las naciones de América, con excepción de Haití. Infortunadamente, la asistencia fue baja y el congreso logró poco. Uno de los delegados de los Estados Unidos murió en el camino y el otro llegó cuando ya habían finalizado las sesiones. Los representantes de las naciones hispanoamericanas firmaron tratados de cooperación, incluida la militar, pero ya para esta época no existían peligros externos serios y solamente Colombia se tomó el trabajo de ratificar los acuerdos.

De igual manera, tuvo éxito en el ámbito diplomático al ser reconocida por los Estados Unidos en 1822 y tres años más tarde por Gran Bretaña; fue una de las primeras naciones hispanoamericanas en lograrlo. Sin embargo, las diferencias entre unas y otras regiones comenzaron a agravarse y se inició una intensa lucha por el poder que desembocaría en la disolución del proyecto y en el resquebrajamiento de la Gran Colombia. De su disolución nacieron cinco países distintos, entre ellos, Colombia.

Vocabulario

delegado:	que se encarga, por elección o designación, de representar a una colectividad
tratado:	documento en el que se recoge el acuerdo en materia política, económica, social, etc., entre dos estados
reconocer:	distinguir o identificar a una persona o una cosa entre varias por una serie de características propias

Análisis

Tras leer el texto, ¿qué crees que llevó a Colombia y Venezuela a unirse y qué a separarse?

____

____

Comprensión del texto

1. Según el texto del artículo:

a) ¿Qué naciones conformaban la Gran Colombia?

____

____

b) ¿Cuál fue la primera misión del ejército compuesto por neogranadinos y venezolanos una vez que liberaron su territorio?

____

____

c) ¿Quién proclamó la libertad de Perú?

____

____

2. ¿Verdadero o falso?

a) En el Congreso de Cúcuta se revivió el debate entre federalistas y centralistas.

____

____

b) Los países emancipados votaron masivamente a favor de conservar la esclavitud.

____

____

c) Simón Bolívar rechazó ser presidente de la Nueva Granada en 1821.

____

____

d) Colombia fue el único país que ratificó los tratados del Primer Congreso Interamericano.

____

____

Interpretación

Analiza el significado de la frase «En la Nueva Granada y Venezuela la unión ya era un hecho por la manera como ambas partes habían colaborado en la lucha militar por la independencia».

____

____

____

____

____

____

5. Guerra, política y otros demonios nacionales (de 1899 a la actualidad)

Divisiones entre conservadores y liberales derivaron en una guerra civil

A lo largo del siglo XIX hubo una sucesión de sangrientas luchas por el poder entre conservadores y liberales. Esos partidos, a su vez, mantenían disputas interiores. La suma de todos esos enfrentamientos desembocaría en la primera gran guerra civil de Colombia.

El partido conservador estaba dividido entre los nacionalistas, que pretendían excluir a cualquier otro partido, y los históricos, que aceptaban la necesidad de entenderse con los liberales, ya para esa época convertidos en una fuerza política importante. El partido liberal, a su vez, se encontraba dividido entre los que deseaban agotar las vías políticas para acceder al poder, y quienes estaban dispuestos abrirse con el uso de las armas los espacios que el gobierno les cerraba. Uno de los que más destacó fue el famoso general liberal Rafael Uribe Uribe. Promovió la Guerra de los mil días, entre otras razones, porque el entonces vicepresidente, encargado de la Presidencia de la República, Miguel Antonio Caro, cometió una serie de arbitrariedades contra el liberalismo.

La Guerra de los mil días

Un error de estimación inició una guerra de mil días

El 17 de octubre de 1899 Paulo Emilio Villar, el director del partido liberal en Santander, ordenó el levantamiento revolucionario sin consultar con nadie. Rafael Uribe Uribe, quien se había mostrado fervoroso partidario de ese mismo levantamiento, desautorizó el ataque programado, fulminante y sobre seguro, al cuartel gobiernista de Bucaramanga. Contradijo a su copartidario porque estaba seguro de que la revolución no duraría más de tres meses si seguían su plan, que permitiría cumplir con el objetivo trazado y evitaría innecesarios derramamientos de sangre. Sin embargo, su paso atrás fue mortal para la causa revolucionaria. Implicó la desastrosa y ulterior batalla entre los dos partidos. Además, como las filas del liberalismo no estaban organizadas, el error de Uribe significó que el país se enfrascó en su más largo conflicto civil: la Guerra de los mil días (1899–1902). En realidad, duró 1100 días. Fue también el conflicto más sangriento que había vivido la joven nación: unos 100000 muertos, es decir, el 2,5% de la población colombiana de aquel entonces, que rondaba los cuatro millones de habitantes.

Aureliano Buendía

Rafael Uribe Uribe sería una de las figuras en las que se inspiró el que es, sin duda, uno de los personajes más célebres de la literatura colombiana, el coronel Aureliano Buendía. Hay un momento en medio de la guerra civil de

Cien años de soledad en que Aureliano siente que solo está luchando por el valor abstracto del poder e intenta, por enésima vez, poner fin a los combates, pero «no imaginaba que era más fácil empezar una guerra que terminarla».

En 1902 el número de combates disminuyó y se ofreció un amplio indulto para los revolucionarios que se desmovilizaran y entregaran las armas. Eso condujo a negociaciones y a la firma del Tratado de Neerlandia, firmado el 24 de octubre de 1902, y al de Winconsin. Se firmó un armisticio donde se reconocía a los revolucionarios como beligerantes y se les ofrecía una paz con garantías. El gobierno se comprometía a liberar a los presos políticos y a garantizar su seguridad. Además, se convocarían elecciones al congreso para estudiar asuntos urgentes: las negociaciones relativas al Canal de Panamá, la reforma política, el equilibrio en las finanzas públicas, el control de la inflación y la devaluación.

Monumento a Rafael Uribe Uribe, político, periodista, militar y embajador, que murió asesinado en 1914 (Fotografía: Peter Angritt, Wikimedia Commons).

Vocabulario

pretender:	querer una cosa que es considerada difícil de conseguir
agotar:	cansar del todo, consumir
fervoroso:	quien hace algo con entusiasmo
fila:	serie de personas o cosas colocadas en línea
enfrascarse:	aplicarse con tanta intensidad a un negocio, disputa o cosa semejante
enésima:	que ocupa un lugar indeterminado y elevado en una serie de cosas
ulterior:	que sigue en el tiempo a otra cosa o persona que se toma como referencia
célebre:	que tiene fama o es muy conocido entre la gente
indulto:	medida especial de gracia por la cual la autoridad competente perdona a una persona toda o parte de la pena a que había sido condenada
armisticio:	acuerdo que firman dos o más países en guerra cuando deciden dejar de combatir durante cierto tiempo con el fin de discutir una posible paz
beligerante:	que está dispuesto a la hostilidad o que se muestra enfrentado o en desacuerdo a una persona, un grupo o a una cosa

La pérdida de Panamá

La intervención extranjera y la pérdida de Panamá

Mientras liberales y conservadores hacían esfuerzos y firmaban tratados para alcanzar la paz, en agosto de 1903 el presidente Roosevelt se reunió con su gabinete para planificar la construcción de un canal interoceánico que sirviera de puente entre el Atlántico y el Pacífico. La voluntad de los colombianos de cesar las hostilidades no evitó que Estados Unidos interviniera y apoyara a Panamá, que se declaró país independiente el 3 de noviembre de 1903. Colombia perdió así 75000 kilómetros cuadrados. Poco después recibió una indemnización de veintiocho millones de dólares: era el precio de un país nacido para que los Estados Unidos dispusieran de una vía de comunicación entre ambos océanos.

Luego de esta guerra civil y de la pérdida de Panamá, el país estaba empobrecido porque la guerra civil había destruido sus industrias y hasta las vías de comunicación. Ante el estallido de la Primera Guerra Mundial, Colombia se mantuvo como país neutral, pues sus deudas externas e internas, ya considerables desde antes, habían aumentado. La nueva administración del general y empresario Rafael Reyes hizo un llamado a todos los colombianos a la unión y la concordia. Aunque persistía el encono entre los dos partidos, cesaron los combates y se hizo un ajuste en todos los campos para reconstruir la nación.

Recuperación tras la guerra de los mil días

El país entró de lleno en un período de productividad en el que las pequeñas industrias florecieron. Los capitales colombianos empezaron a adquirir confianza en sí mismos y en los recursos nacionales. Se crearon empresas mineras, fábricas de tejidos, refinerías de azúcar, plantas eléctricas para el alumbrado de las ciudades y para el suministro de fuerza motriz en diversas industrias, fábricas de cemento, empresas agrícolas... Todo mostraba que el país se encaminaba hacia la prosperidad. Los siguientes treinta años marcaron un lento proceso de reconstrucción, integración territorial y de delimitación fronteriza.

En 1932, hubo una guerra contra el Perú en la que Colombia recuperó la franja amazónica. Por esos mismos años se incrementó la producción minera de oro, plata y petróleo gracias a las fuertes inversiones extranjeras. Se comenzaron a realizar exportaciones a gran escala de cacao, oro, caucho y maderas, café y tabaco. Además, se construyeron caminos, puertos y una red ferroviaria. Por último, se fomentó la industria del banano con capital y presencia de extranjeros. Eso daría lugar, eventualmente, a un grave choque entre las directivas de la *United Fruit Company* y los trabajadores colombianos en 1928.

Vocabulario

interoceánico:	que pone en comunicación dos océanos
hostilidad:	agresión armada de un pueblo, ejército o grupo militar
indemnizar:	pagar una cantidad de dinero a una persona para compensar un daño o perjuicio que se le ha causado
ante:	preposición que significa frente a
concordia:	acuerdo o armonía entre personas o cosas
encono:	animadversión o rencor hacia una persona
ajuste:	acción y efecto de ajustar o encajar
fuerza motriz:	capacidad de mover algo o a alguien
caucho:	látex producido por plantas intertropicales que tiene muchas aplicaciones en la industria
red ferroviaria:	caminos con dos carriles de hierro paralelos, sobre los cuales ruedan los trenes

Comprensión de texto

1. ¿Cómo perdió Colombia a Panamá?

____

____

____

2. ¿Por qué el país se mantuvo neutral durante la Primera Guerra Mundial?

____

____

____

Comentario

Lee el siguiente fragmento de *Cien años de soledad*. Luego, investiga un poco en Internet sobre la participación de Rafael Uribe Uribe en el Tratado de Neerlandia y escribe tus impresiones.

El acto se celebró a veinte kilómetros de Macondo, a la sombra de una ceiba gigantesca en torno a la cual había de fundarse más tarde el pueblo de Neerlandia. Los delegados del gobierno y los partidos, y la comisión rebelde que entregó las armas, fueron servidos por un bullicioso grupo de novicias de hábitos blancos, que parecían un revuelo de palomas asustadas por la lluvia. El coronel Aureliano Buendía llegó en una mula embarrada. Estaba sin afeitar, más atormentado por el dolor de los golondrinos que por el inmenso fracaso de sus sueños, pues había llegado al término de toda esperanza, más allá de la gloria y de la nostalgia de la gloria. De acuerdo con lo dispuesto por él mismo, no hubo música, ni cohetes, ni campanas de júbilo, ni vítores, ni ninguna otra manifestación que pudiera alterar el carácter luctuoso del armisticio. Un fotógrafo ambulante que tomó el único retrato suyo que hubiera podido conservarse, fue obligado a destruir las placas sin revelarlas.

El acto duró apenas el tiempo indispensable para que se estamparan las firmas. En torno de la rústica mesa colocada en el centro de una remendada carpa de circo, donde se sentaron los delegados, estaban los últimos oficiales que permanecieron fieles al coronel Aureliano Buendía. Antes de tomar las firmas, el delegado personal del presidente de la república trató de leer en voz alta el acta de la rendición, pero el coronel Aureliano Buendía se opuso. «No perdamos el tiempo en formalismos», dijo, y se dispuso a firmar los pliegos sin leerlos. Uno de sus oficiales rompió entonces el silencio soporífero de la carpa.

–Coronel –dijo–, háganos el favor de no ser el primero en firmar. El coronel Aureliano Buendía accedió. Cuando el documento dio la vuelta completa a la mesa, en medio de un silencio tan nítido que habrían podido descifrarse las firmas por el garrapateo de la pluma en el papel, el primer lugar estaba todavía en blanco. El coronel Aureliano Buendía se dispuso a ocuparlo.

Lengua

Redacta un texto de unas 300 a 400 palabras usando las siguientes palabras en el orden que prefieras. Si hay alguna que no conoces, búscala en el diccionario.
guerra, firma, rendición, luctuoso, magnicidio, retaliación, júbilo, tiro de gracia, honor, patria.

La masacre de las bananeras

La revuelta de los trabajadores de las bananeras

La *United Fruit* controlaba la zona bananera de Colombia desde 1898 y ejercía su poder económico en todos los eslabones de la cadena de producción en la Ciénaga Grande. Eso incluía el manejo de haciendas, sembrados, ferrocarriles y barcos, lo que la convertía en la dueña del mayor latifundio del país. El pago por jornal resultaba oprobioso, pues los empleados de la *United* o de sus contratistas hacían jornadas de dieciséis a veinte horas diarias en las que se les exigía cortar entre 300 y 400 racimos de banano. El 28 de noviembre de 1928 estalló una gran *huelga* debido a los bajos salarios en la zona de Ciénaga: más de veinticinco mil trabajadores de las plantaciones se negaron a cortar los bananos producidos por la *United Fruit Company* y por productores nacionales contratados por la compañía.

Contradicciones en torno al número de víctimas de la masacre

Los obreros protestaron frente a una estación de ferrocarril. Allí fueron aniquilados a balazos por el ejército colombiano, que actuaba en nombre del gobierno del presidente conservador Miguel Abadía Méndez quien, a su vez, defendía los intereses de la compañía estadounidense. La masacre ocurrió entre la una y media y las dos de la madrugada el 6 de diciembre de 1928, pero el conteo de los cadáveres se hizo a las seis de la mañana. Se supone que entre las dos y las seis hubo procedimientos para hacer desaparecer la gran mayoría de los cuerpos, lo que redujo el número oficial a nueve cadáveres, un número que coincidía con el de reivindicaciones levantadas por los obreros y por el movimiento. Existen documentos gráficos de la fosa común en que fueron enterrados esos nueve. Otras fuentes hablan de trece muertos y diecinueve heridos. Esas eran las cifras oficiales que encontró García Márquez cuando hizo la investigación para su novela *Cien años de soledad*, en la que narra cómo vivieron los pobladores de Macondo aquella masacre. Existían, sin embargo, otras fuentes, como el diario *La Prensa* de Barranquilla que mencionó cien muertos. El diario *El Espectador* hizo investigaciones y un general afirmó que tenía pruebas irrefutables de que los muertos eran más de mil y que el gobierno lo ocultaba. El propio cónsul de Estados Unidos, en un informe ahora público, afirmó que los muertos pasaban de mil. La cifra más ampliamente difundida habla de tres mil muertos, que no es histórica, sino la que Gabriel García Márquez estableció en su obra. Este es un fragmento de la versión novelada de la masacre donde relata el instante en el que el ejército abre fuego contra los trabajadores en la plaza:

Un trabajador de la United Fruit Co en 1913 (Fotografía: Abbott, Willis J., Wikimedia Commons).

–¡Tírense al suelo! ¡Tírense al suelo!

Ya los de las primeras líneas lo habían hecho, barridos por las ráfagas de metralla.

Los sobrevivientes, en vez de tirarse al suelo, trataron de volver a la plazoleta, y el pánico dio entonces un coletazo de dragón, y los mandó en una oleada compacta contra la otra oleada que se movía en sentido contrario, despedida por el otro coletazo de dragón de la calle opuesta, donde también las ametralladoras disparaban sin tregua. Estaban acorralados, girando en un torbellino gigantesco que poco a poco se reducía a su epicentro porque sus bordes iban siendo sistemáticamente recortados en redondo, como pelando una cebolla, por las tijeras insaciables y metódicas de la metralla. El niño vio a una mujer arrodillada, con los brazos en cruz, en un espacio limpio, misteriosamente vedado a la estampida. Allí lo puso José Arcadio Segundo, en el instante de derrumbarse con la cara bañada en sangre, antes de que el tropel colosal arrasara con el espacio vacío, con la mujer arrodillada, con la luz del alto cielo de sequía, y con el puto mundo donde Úrsula Iguarán había vendido tantos animalitos de caramelo.

Cuando José Arcadio Segundo despertó estaba bocarriba en las tinieblas. Se dio cuenta de que iba en un tren interminable y silencioso, y de que tenía el cabello apelmazado por la sangre seca y le dolían todos los huesos. Sintió un sueño insoportable. Dispuesto a dormir muchas horas, a salvo del terror y el horror, se acomodó del lado que menos le dolía, y solo entonces descubrió que estaba acostado sobre los muertos. No había un espacio libre en el vagón, salvo el corredor central. Debían de haber pasado varias horas después de la masacre, porque los cadáveres tenían la misma temperatura del yeso en otoño, y su misma consistencia de espuma petrificada, y quienes los habían puesto en el vagón tuvieron tiempo de arrumarlos en el orden y el sentido en que se transportaban los racimos de banano. Tratando de fugarse de la pesadilla, José Arcadio Segundo se arrastró de un vagón a otro, en la dirección en que avanzaba el tren, y en los relámpagos que estallaban por entre los listones de madera al pasar por los pueblos dormidos veía los muertos hombres, los muertos mujeres, los muertos niños, que iban a ser arrojados al mar como el banano de rechazo.

Participación simbólica en la Primera Guerra Mundial

El escándalo de la masacre generó tal indignación, que el gobierno debió rescindir su contrato con la *United Fruit Company* y obligó a la compañía a salir del país. Pese a ese incidente con una compañía estadounidense, tan solo trece años después Colombia se puso de parte de Estados Unidos tras el ataque a Pearl Harbor, en 1941 y rompió relaciones con los países del Eje. El gobierno de Eduardo Santos (1938–1942) le permitió a Washington adelantar operaciones en territorio nacional. La participación colombiana en el conflicto fue más bien simbólica y tan insignificante para el país que en los planes escolares ni siquiera se mencionan las dos guerras mundiales como parte de la historia nacional, aunque sí se estudian en la internacional.

Vocabulario

eslabón:	pieza en forma de anillo o de otra curva cerrada que enlazada con otras forma cadena
sembrado:	tierra sembrada, hayan o no germinado y crecido las semillas
latifundio:	hacienda agrícola de gran extensión que pertenece a un solo propietario
oprobio:	cosa que produce deshonra o vergüenza públicas
huelga:	forma de protesta de los trabajadores consistente en el cese del trabajo hecho de común acuerdo con el fin de conseguir mejoras laborales o sociales
aniquilar:	destruir completamente una cosa o persona, acabar con ella o hacer que deje de existir
masacre:	matanza conjunta de muchas personas, por lo general indefensas

cadáver: cuerpo sin vida, en especial de una persona
investigar: hacer las diligencias necesarias para descubrir algo
irrefutable: que no puede ser refutado o negado
ráfaga: golpe de viento violento y de poca duración
plazoleta: espacio, a manera de plaza pequeña, que suele haber en jardines y alamedas
coletazo: última manifestación de una actividad próxima a extinguirse
tregua: cese temporal de hostilidades
acorralar: hacer que una persona o animal al cual se persigue quede encerrado o rodeado de manera que no pueda escapar por ninguna parte
torbellino: remolino de viento o aire que avanza rápidamente y levanta a su paso polvo o materias poco pesadas
insaciable: que no puede ser saciado o satisfecho
arrodillar: hacer que alguien apoye una o ambas rodillas en el suelo
estampida: escapada o huida rápida e impetuosa que emprende un grupo de personas o de animales
derrumbarse: caerse, despeñarse
tropel: conjunto numeroso de personas, animales o cosas que avanzan o se mueven de forma rápida, ruidosa y desordenada
tiniebla: falta de luz en lo abstracto o en lo moral
apelmazar: hacer que algo se torne espeso y menos esponjoso
yeso: escayola, vendaje endurecido
espuma: conjunto de burbujas que se forman en la superficie de un líquido
arrumar: poner la carga en un barco
relámpago: resplandor muy fuerte y momentáneo provocado en las nubes por una descarga eléctrica
indignación: enfado violento con una persona o cosa
rescindir: dejar sin efecto un contrato, una obligación, una resolución judicial

Investiga y escribe

1. ¿Qué sabes de las industrias bananeras? ¿Te fijas en el país de origen de los bananos que comes?

____

____

____

____

2. Infórmate sobre el impacto que tuvo la masacre de las bananeras en Colombia. Escribe tus descubrimientos.

____

____

____

____

____

____

3. ¿Qué opinas sobre la actuación del gobierno en la masacre? Investiga sobre el sindicato de las bananeras y escribe tus impresiones.

4. Elige al menos dos imágenes del texto de García Márquez que te gusten y explica qué te llama la atención de ellas.

Interpretación

1. ¿Qué ambiente había antes de la masacre?

2. Describe cómo te imaginas a José Arcadio Segundo, el personaje de García Márquez.

Comentario

Discute con tus compañeros si la explotación por parte de la *United Fruit Company* es un tema de 1927 o si sigue teniendo actualidad.

Ahora tú

Estás en un programa de radio en Colombia, en 1927, invitado a un debate. Los dos ponentes son el dueño de una multinacional bananera y tú, que representas a los trabajadores. ¿Qué respondes a las afirmaciones del entrevistador?

a) «Si no fuera por las bananeras, la gente sin estudios no tendría trabajo. Deben agradecer que alguien les de empleo».

b) «El problema es que la gente del trópico es muy vaga».

c) «La compañía les da dos comidas diarias que pueden comprar con cupones de la United. Si les parece insuficiente, no es culpa nuestra».

Lengua

Escribe los antónimos de las siguientes palabras:

cortar ____________________

subir ____________________

dañar ____________________

enloquecer ____________________

partir ____________________

vender ____________________

trabajar ____________________

El Bogotazo, la dictadura y el frente nacional

La lucha contra la hegemonía conservadora

El partido conservador colombiano se mantuvo en el poder desde 1886 hasta 1930, un periodo que se conoce como la hegemonía conservadora. Finalmente se convocaron elecciones en 1930 y triunfó un candidato liberal, Enrique Olaya Herrera. Sin embargo, el resentimiento contra los conservadores persistía por el modo sistemático como habían aplastado a cualquier otro partido a lo largo de las décadas, principalmente el liberal. En 1948 gobernaba un presidente conservador, Mariano Ospina Pérez. Se avecinaban nuevas elecciones y el pueblo ya tenía claro cuál sería su candidato.

El caudillo de los liberales

Jorge Eliécer Gaitán era uno de los principales opositores políticos contra el gobierno conservador y su carisma le mereció un creciente número de seguidores. En calidad de representante de su partido había hecho denuncias contra los constantes abusos de los conservadores, incluyendo el modo como se habían puesto en contra de los trabajadores colombianos en la masacre de las bananeras. También denunciaba las represiones al liberalismo, la supresión de garantías democráticas y la censura a la prensa. Así que se convirtió en la piedra en el zapato de los conservadores. Eso le mereció incontables enemigos, pero eran aún más quienes lo seguían y apoyaban con fervor su trabajo justiciero.

Dibujo a partir de una fotografía de Jorge Eliécer Gaitán (Margarita Borrero Blanco).

Vocabulario

hegemonía:	supremacía de una organización, una empresa, un partido, etc., sobre otros
resentimiento:	sentido de dolor, molestia o enojo por algo
aplastar:	deformar una cosa por presión o golpe, aplanándola o disminuyendo su grueso o espesor
avecinarse:	acercarse, aproximarse
denuncia:	acusación ante la autoridad a una persona de haber cometido un delito o abuso
incontable:	que no puede ser contado por ser muy numeroso

El 9 de abril de 1948

El asesinato que cambió la historia de Colombia

«La oligarquía no me mata porque sabe que si lo hace el país se vuelca y las aguas demorarán cincuenta años en regresar a su nivel normal». Es una de las frases más famosas que se atribuyen a Jorge Eliécer Gaitán y que resultó ser profética. Su asesinato, el 9 de abril de 1948, desencadenó uno de los episodios más dramáticos, sangrientos y de más larga duración en la historia de Colombia: el Bogotazo. Sobre su asesinato se han escrito cientos de libros y artículos, y las consecuencias aún se viven hoy en el país.

(Fotografía: I Want a Poster. Flickr)

Manifestación del silencio para pedir la paz

Gaitán decía: «No soy un hombre, yo soy un pueblo». Incluso hablaba como la gente del común, como un embolador de zapatos bogotano. Siendo ya jefe del partido liberal convocó la famosa Manifestación del silencio, el 7 de febrero de 1947, para denunciar la persecución política. El caudillo llenó la Plaza de Bolívar de Bogotá, justo frente a la casa presidencial, con más de cien mil personas. Nunca nadie la había llenado así. Ante la muchedumbre que guardaba silencio, Gaitán tomó la palabra, no en su nombre como jefe del partido liberal, sino en nombre del pueblo: «Señor presidente Ospina Pérez, bajo el peso de una honda emoción me dirijo a vuestra excelencia, interpretando el querer y la voluntad de esta inmensa muchedumbre que esconde su ardiente corazón lacerado por tanta injusticia bajo un silencio clamoroso, para pedir que haya paz y piedad para la patria».

Aquel día, ante semejante multitud, se hizo evidente que el pueblo estaba harto de guerras y de abusos, y que, al fin, había encontrado quién diera voz a su sentir. Aunque era una manifestación pacífica, el abarrotamiento en la plaza suscitó los temores del gobierno. El carisma del candidato despertó la envidia de otros políticos, incluso dentro de su propio partido. Nadie ha podido probar nunca de dónde vino la orden de asesinarlo.

Vocabulario

volcar:	poner una persona el máximo interés para conseguir una cosa
desencadenar:	dejar en libertad una fuerza que estaba contenida o inactiva o ponerla en actividad
embolador:	persona que se dedica a limpiar y lustrar botas y zapatos
caudillo:	persona que dirige alguna colectividad
muchedumbre:	conjunto de muchas personas o cosas
hondo:	profundo
lacerar:	herir a una persona o un animal
clamoroso:	que va acompañado de un clamor, voz que se profiere con vigor
piedad:	virtud que inspira actos de amor y compasión.
abarrotamiento:	acción y efecto de llenar, ocupar un sitio o una cosa completamente
suscitar:	levantar, promover

El caudillo del pueblo

Denuncias a las que dio voz Gaitán

Jorge Eliécer Gaitán se había inclinado por la oratoria desde muy joven, a veces hablando como espontáneo en el funeral de un combatiente de la Guerra de los mil días y otras para condenar la masacre de las bananeras, que tuvo lugar bajo la hegemonía conservadora. En julio de 1926 viajó a Italia para estudiar en la Real Universidad de Roma. Era la escuela más prestigiosa de Derecho en ese país y la dirigía Enrico Ferri, penalista de fama mundial. Gaitán obtuvo el título de doctor en jurisprudencia y su tesis mereció la calificación Magna cum laude y el Premio Enrico Ferri.

Medio siglo de violencia

Al regresar a Colombia militó en la izquierda del liberalismo. En 1947 se convirtió en jefe único del partido liberal. Sus propuestas incluían la elección popular de alcaldes, el voto femenino y soluciones sociales. Era un líder carismático y querido.

Cuando Gaitán salía de su oficina el 9 de abril de 1948, un sicario llamado Juan Roa Sierra le disparó tres veces. Inmediatamente la multitud linchó a Roa. Transcurrieron solo cuatro horas entre el asesinato de Gaitán y la última de las muertes de aquella tarde. En ese lapso, de acuerdo a las diferentes estimaciones, en la capital colombiana perdieron la vida entre 500 y 2000 personas, aunque la cifra exacta nunca ha podido ser establecida. La violencia y destrucción se extendió a muchas otras regiones de Colombia.

Gaitán iba a ser presidente y todo el país lo sabía. Los partidos estaban atemorizados porque las reformas del candidato amenazaban el orden establecido y ponían al pueblo como protagonista al prometerle la justicia y la equidad tan largamente postergadas. Su muerte hizo que muchas personas sintieran que desaparecía la esperanza y salieron a la calle, donde los ánimos caldeados desataron crueles enfrentamientos entre conservadores y liberales y todo tipo de actos vandálicos. Con la muerte de Gaitán se clausuró ese proyecto de modernización de Colombia y durante el siguiente medio siglo el país no hizo otra cosa que repetir el círculo vicioso de violencia y la exclusión.

El carismático líder Jorge Eliécer Gaitán aparece en los billetes de mil pesos en Colombia (Fotografía: Wikimedia Commons).

Vocabulario

oratoria:	arte de hablar en público para instruir, persuadir o excitar los ánimos y moverlos a una acción determinada o simplemente para deleitarlos
jurisprudencia:	conjunto de las sentencias de los tribunales y doctrina que contienen
militar:	figurar una persona en un partido político o en una agrupación
linchar:	golpear de forma violenta a un grupo de personas o una persona como castigo
atemorizar:	infundir miedo
postergar:	hacer que se atrase una cosa en el tiempo o en el espacio
caldeado:	ánimo apasionado, agitado
clausurarse:	cerrarse

Escribir

1. Recuerda lo que has leído hasta ahora sobre los enfrentamientos entre partidos en Colombia. ¿Cómo crees que se pudo haber evitado esa violencia? Ten en cuenta lo que sabes sobre su historia y sociedad.

____

____

____

____

____

2. Discute con tus compañeros el papel que desempeña la pluralidad de partidos en la construcción de una paz duradera.

Comprensión del texto

1. ¿Quién era Jorge Eliécer Gaitán?

2. ¿A qué se llama hegemonía conservadora en la historia de Colombia?

Análisis

1. Menciona dos denuncias que haya hecho Jorge Eliécer Gaitán.

2. ¿Cuál crees que era la razón de los conservadores para censurar y sabotear el crecimiento del liberalismo?

3. ¿Qué sabes de los movimientos liberales europeos y de su influencia en los países latinoamericanos?

Interpretación

1. Teniendo en cuenta lo que sabes sobre la historia de Colombia, ¿crees que se hubieran evitado guerras si los liberales hubieran tenido oportunidad de llegar por la vía política al poder? Explica tu respuesta.

2. Discute con tus compañeros sobre algún evento que conozcas de la historia de tu país similar al Bogotazo.

Lengua

¿Indicativo o subjuntivo?

Jorge Eliécer Gaitán luchaba por una sociedad en la que todos ________ (tener) las mismas oportunidades, que su voz y voto ________ (contar), una sociedad en la que no ________ (haber) discriminación. Es uno de los principios de la democracia y hoy en día se ________ (saber) que si no se respetan esas garantías, el resultado es la violencia, especialmente en una sociedad que ________ (tener) tantos resentimientos acumulados a lo largo de los siglos.
Aunque ________ (ser) difícil, la sociedad colombiana ________ (saber) que solo si trabajan juntos podrán conseguirlo y que no es posible la paz si hay exclusión. Siempre ________ (haber) que respetar las opiniones de otros, pues solo con educación y tolerancia se ________ (poder) construir una sociedad justa, plural y equitativa.

La dictadura de Rojas Pinilla

Intervención militar para detener el caos

Colombia vivió de 1953 a 1957 la única dictadura militar del país en el siglo XX bajo el mando del teniente general Gustavo Rojas Pinilla.

Los años que precedieron el golpe militar fueron de violentas luchas en todo el país debido al grado de descomposición social que habían dejado años de enfrentamientos tras el Bogotazo, especialmente en el campo. El golpe militar contaba con el apoyo de representantes de los dos partidos tradicionales, de las fuerzas armadas y de la policía nacional. El golpe militar de Rojas fue más bien un «golpe de opinión», debido a la confianza que generaba y al vasto y multitudinario respaldo nacional del que gozaba. Combatir la pobreza y la desigualdad fue una de sus prioridades. En 1954, bajo su mandato, llegó la televisión a Colombia.

Inicialmente el gobierno militar logró poner orden en medio del caos, pero eventualmente tuvo que afrontar una segunda ola de violencia en las modalidades de venganza, bandidaje y sadismo. Simultáneamente, las agitaciones estudiantiles, la censura a los periódicos *El Tiempo*, *El Espectador* y *El Siglo*; y otros hechos agudizaron la crisis nacional. Ante los paros bancarios, las huelgas y los diversos disturbios, el general Rojas Pinilla dejó el mando presidencial el 10 de mayo de 1957 y encargó la presidencia a una junta militar. Como oposición al gobierno militar surgió el Frente Nacional.

Vocabulario

descomposición:	indisponer los ánimos, hacer que se pierda la amistad, confianza o buena correspondencia
respaldo:	apoyo, protección, garantía
confianza:	esperanza de que una persona o cosa funcione o se comporte según está previsto
gozar de:	disfrutar
bandidaje:	actividad de los bandidos, robo y asalto

agudizar: agravarse, empeorar
paro: cese voluntario en el trabajo por acuerdo de obreros o empleados
disturbio: perturbación de la paz o del orden público

El frente nacional y la formación de guerrillas

Alianza de los partidos conservador y liberal

Los partidos conservador y liberal –que se habían enfrentado en una guerra sangrienta durante décadas por el poder– finalmente establecieron un pacto de mandato compartido y alternado llamado el Frente Nacional. De acuerdo a ese pacto, los dos se turnarían la presidencia, cuatro años de gobierno liberal seguidos de cuatro de gobierno conservador, para dirigir el país durante dieciséis años.

Bipartidismo se vuelve excluyente

Si bien este pacto puso fin a la violencia bipartidista que había aquejado a Colombia por más de un siglo y algunas guerrillas liberales se disolvieron, no se dio solución a los problemas sociales, económicos y políticos que aún existían o se habían agravado desde el inicio de la república. Además, era un pacto excluyente –no muy distinto de la hegemonía conservadora– porque no permitía la existencia de ningún otro partido. Eso dio pie a otro problema grave: una explosión de grupos disidentes tales como las Fuerzas Armadas Revolucionarias de Colombia (FARC), el Ejército de Liberación Nacional (ELN), el Ejército Popular de Liberación (EPL) y el M-19.

Al nacimiento de varias guerrillas en la década del sesenta, se sumaría una nueva problemática, mucho más grave, en la década del ochenta: el narcotráfico.

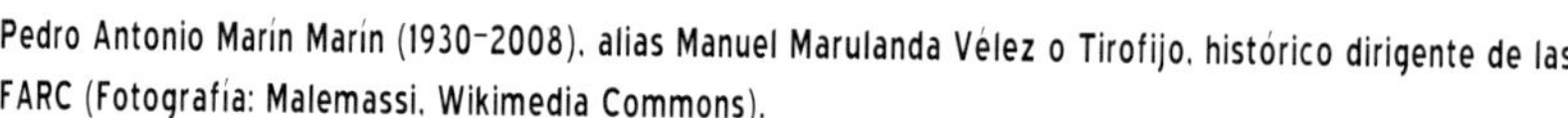
Pedro Antonio Marín Marín (1930–2008), alias Manuel Marulanda Vélez o Tirofijo, histórico dirigente de las FARC (Fotografía: Malemassi, Wikimedia Commons).

Vocabulario

pacto: acuerdo o tratado entre personas, entidades, partidos políticos o estados que exige cumplimiento por cada una de las partes de lo que se ha estipulado
bipartidista: bipartidismo es un sistema en el que sólo dos partidos tienen posibilidades reales para gobernar: dirigir un país o una colectividad política
aquejar: afectar a alguien o algo, causarles daño
excluyente: que excluye, deja fuera o rechaza
disidente: que discrepa o diside, en especial el que mantiene opiniones y posiciones contrarias a las del sistema social del que depende
narcotráfico: comercio ilegal, mediante el cual se transportan drogas desde los países donde son producidas, hasta los países donde son consumidas

Comprensión del texto

1. ¿Qué imagen te queda de la única dictadura que tuvo Colombia en el siglo XX?

____

2. A tu entender, ¿cuál es la causa subyacente de las sucesivas problemáticas colombianas?

____

3. ¿Qué fue el Frente Nacional y cuántos años duró?

____

Interpretación

¿Qué tipo de evolución ves en el partido liberal según lo que hemos leído en las lecciones anteriores y en la actual?

____

____

____

____

____

____

Lengua

Reescribe las siguientes oraciones eliminando el gerundio.

1. El partido liberal estuvo luchando más de un siglo por hacerse un hueco en el poder.

____

2. La fórmula de la violencia consiste en seguir excluyendo a las nuevas corrientes políticas.

____

3. Si has estado leyendo historia de Colombia, sabrás que es una nación que no se da por vencida y que lucha por ser más incluyente.

____

4. La dictadura de Rojas Pinilla estuvo censurando y reprimiendo, aunque inicialmente fue una solución al caos que reinaba en el país.

____

Narcotráfico

El narcotráfico inició un nuevo tipo de violencia

Pablo Escobar
(Fotografía: Policía Nacional de Colombia. Wikimedia Commons).

Pablo Escobar, el mayor traficante de drogas del país en la década del ochenta, el narcotraficante por antonomasia, contribuyó al debilitamiento del estado al convertirse en un poder alternativo. Comenzó sobornando a miembros del gobierno para realizar sus operaciones ilegales de exportación de droga, pero luego, ante la amenaza de ser extraditado, conformó con otros traficantes un grupo llamado Los extraditables, que se enfrentaron al gobierno en una guerra que el estado no podía financiar y los carteles mafiosos, sí. Su emblema era «Prefiero una tumba en Colombia que en una celda en los Estados Unidos». La recompensa de cuatro mil dólares que ofrecía por cada policía muerto causó miles de bajas entre los uniformados. Tan solo en Medellín en el mes de enero de 1990 fueron asesinados 400 policías.

Ejército de sicarios del cartel de Medellín

El cartel de Medellín tenía una red de más de dos mil sicarios que no solo asesinaban a sueldo, sino que ponían bombas por todo el país. Según el estimado oficial, unas 15000 personas murieron entre los ochenta y la primera década del nuevo milenio. Fueron veinte años de guerra encarnizada entre el narcotráfico y el gobierno, con la población colombiana en medio de ese fuego cruzado. Entre las víctimas más famosas del narcotráfico figuran dos ministros de justicia: Enrique Low Murtra y Rodrigo Lara Bonilla, además de Guillermo Cano, director de *El Espectador*, que entonces era el segundo periódico más importante del país.

La vida después de Pablo Escobar

Muerte del capo de la droga

En diciembre de 1993 Escobar murió abaleado cuando intentaba huir de la policía. La noticia de su muerte dio la vuelta al mundo y en Colombia hubo reacciones contrarias: la mayor parte del país lo celebró como el fin de la era del mal y del terror, pero en Medellín miles de personas asistieron a su entierro, pues Escobar había repartido parte de su fortuna entre los pobres. En muchas casas tenían su fotografía y lo veneraban como a un gran protector.

Se esperaba que con él desapareciera el flagelo del narcotráfico que tantas vidas inocentes se había cobrado. Pero ni disminuyó el comercio ilícito de droga ni desaparecieron los carteles de la mafia. Sin embargo, un cambio en la política de extradición contribuyó a que muchos de los principales mafiosos del país se entregaran a la justicia a cambio de una reducción de penas y la promesa de no delinquir más. Los más famosos fueron los hermanos Ochoa y los Rodríguez Orejuela.

Una nueva generación de narcotraficantes

La siguiente generación de traquetos –que es como se les llama a los mafiosos coloquialmente en Colombia– cambió su perfil. Ya no tenían la notoriedad mediática de Escobar ni hacían alarde de su riqueza, sino que procuraban llevar vidas discretas. Desde entonces las operaciones de narcotráfico están atomizadas y no tienen un liderazgo claro, pero el negocio continua. El 90% de la cocaína incautada en Estados Unidos tiene origen en Colombia, de modo que el país que sigue ostentando el triste título de ser el primer productor de cocaína en el mundo. Por su parte, Estados Unidos tiene el mayor número de drogadictos a nivel mundial; tan solo en 2017, más de 72000 personas murieron por una sobredosis.

Algunas cifras actuales del negocio de la droga

Las fuerzas militares y la policía contra el narcotráfico

El narcotráfico mueve anualmente unos dieciséis billones de pesos (5459 millones de dólares) en la economía de Colombia, cifra que equivale a un dos por ciento del Producto Interno Bruto. De cada cien kilos de cocaína que se producen en territorio nacional, las fuerzas militares y la policía confiscan cuarenta y dos kilos. En 306 municipios donde se registró presencia de narcocultivos en 2018, la tasa de homicidios ha aumentado un 200 por ciento; entre ellos, Tazará, Ituango y Cáceres en Antioquia, y Catatumbo en Norte de Santander. El cultivo de coca en Colombia en 2017 alcanzó las 209.000 hectáreas, la mayor cifra de la historia.

En el interior del país se consume más LSD que cocaína. Casi el 40% de los colombianos que respondieron a un estudio sobre drogodependencia declararon ser consumidores de LSD mientras que un 26% es adicto a la cocaína.

Vocabulario

traficante:	que trafica o comercia, en especial de forma ilegal o clandestina
por antonomasia:	cuando queremos decir que algo o alguien son los ejemplo más claros de alguna categoría, grupo o conjunto
sobornar:	dar dinero o regalos a alguien para conseguir algo de forma ilícita.
extraditar:	entrega de una persona a las autoridades de otro país que la reclama, normalmente un refugiado
tumba:	armazón en forma de ataúd para la celebración de las exequias
sicario:	asesino a sueldo
encarnizar:	mostrarse cruel o violento
abalear:	disparar contra una persona
venerar:	respetar en sumo grado a alguien por su santidad, dignidad o grandes virtudes
flagelo:	cosa o suceso que resulta muy negativo para una persona o grupo
alarde:	ostentación y gala que se hace de una cualidad o circunstancia
ostentar:	hacer gala de grandeza y lucimiento

sobredosis:	dosis excesiva de medicamento o de cualquier sustancia
narcocultivo:	cultivo de una sustancia ilícita, como plantas de marihuana o coca
drogodependencia:	dependencia fisiológica de una droga

Comprensión del texto

1. Lee este artículo.
   https://www.eltiempo.com/colombia/medellin/colombia-debe-dejar-atras-la-herencia-de-pablo-escobar-del-mal-299822

2. Ahora, responde a las siguientes preguntas:

   a) ¿Qué imagen tenías de Pablo Escobar antes de leer este texto y qué opinas ahora?

   ____

   ____

   ____

   b) ¿Qué crees que significa el narcotráfico para la mayoría de los colombianos?

   ____

   ____

   ____

   c) ¿De qué modo crees que el negocio ilícito de la droga ha dañado a la sociedad colombiana?

   ____

   ____

   d) ¿Crees que el problema del narcotráfico es de los productores o de los consumidores?

   ____

   ____

3. Comenta en contexto la frase: «El narcotráfico cortó de un solo tajo una generación de honestos líderes políticos que de haber alcanzado sus propósitos posiblemente habría construido un país distinto».

____

____

____

____

____

4. ¿Verdadero o falso?

a) Solo la familia de Pablo Escobar asistió a su funeral.

____

b) El flagelo de la cocaína cobró auge en la década del ochenta.

____

c) Hay más productores de droga en Colombia que drogadictos en Estados Unidos.

____

d) Los policías fueron una de las primeras víctimas del cartel de Medellín.

____

Comentario

En la actualidad se debate sobre la legalización de las drogas, al menos de algunas, como vía para combatir el narcotráfico. El lema es «No hay solución sin legalización». ¿Cuál es tu opinión al respecto? Debate con tus compañeros.

La búsqueda de la paz

Bandera del M-19 (Fotografía: Wikimedia Commons)

Dibujo a partir de una fotografía de prensa de la época de la toma del Palacio de Justicia por el ejército colombiano tras su ocupación por guerrilleros del M-19.

Primeros esfuerzos para negociar con la guerrilla

El gobierno de Belisario Betancour, elegido presidente de 1982 a 1986, hizo el primer intento por establecer un diálogo con las FARC. Hubo un cese al fuego bilateral convenido con las FARC, la ADO (Autodefensa Obrera), el EPL (Ejército Popular de Liberación) y el M-19, y nació la Unión Patriótica

(UP) como partido político. La UP fue fundada en 1985 como parte de una propuesta política legal de varios grupos guerrilleros y personas con pensamiento de izquierda que no se sentían ni liberales ni conservadores. Así se abrió, finalmente, la vía política para un partido nuevo. Si bien el deseo por alcanzar la paz era real, no hubo consistencia metodológica para consolidarla y por eso fracasó. Las últimas esperanzas murieron en noviembre de 1985, durante uno de los episodios más cruentos de la historia reciente del país.

La sangrienta toma del palacio de justicia

El movimiento guerrillero M-19 se tomó a sangre y fuego el palacio de justicia. Los guerrilleros fueron, a su vez, abaleados por el ejército. Durante veintiocho horas de horror murieron trabajadores, guerrilleros y soldados. El edificio en sí quedó reducido a escombros por los violentos combates. En total se reportaron más de cien víctimas mortales.

El siguiente presidente, Virgilio Barco, elegido de 1986 a 1990, propuso una asamblea nacional constituyente y redactó con los dirigentes del M-19, Carlos Pizarro y Antonio Navarro, un acuerdo que obtuvo el visto bueno de los partidos tradicionales. Todo estaba listo para comenzar los diálogos, pero el 22 de marzo fue asesinado Bernardo Jaramillo Ossa, el candidato presidencial de la Unión Patriótica (UP), lo que detuvo las gestiones de paz. Al revés que significó su asesinato se sumó otro tan solo un mes después. El líder del M-19, Carlos Pizarro, fue asesinado por un sicario dentro de un avión que acababa de aterrizar en Barranquilla el 26 de abril de 1990. En ese momento desapareció cualquier posibilidad de diálogo y el gobierno de Virgilio Barco desistió de volver a intentarlo.

Asesinatos de líderes de otros partidos

Vocabulario

cese:	acto de cesar, detener, particularmente ataques en tiempos de guerra
bilateral:	de las dos partes, lados o aspectos que se consideran
metodológico:	de modo ordenado y sistemático de proceder para llegar a un resultado o fin determinado
fracasar:	dicho de un proyecto o intención que se frustra
escombro:	desecho y cascote de un edificio arruinado o derribado
revés:	derrota en una discusión, unas elecciones u otra cosa
sumarse:	añadir, agregar
aterrizar:	tomar tierra un avión, aeronave u otro artefacto volador
desistir:	renunciar a una intención o proyecto

La última década del siglo y sus guerras

Se reanudaron las negociaciones de la paz

El esfuerzo de llegar a una paz dialogada fue retomado por el siguiente mandatario presidencial, César Gaviria, presidente de 1990 a 1994. Bajo su gobierno se celebró la asamblea constituyente y así se abrió paso al proceso de desmovilización del *EPL*, el *PRT (Partido Revolucionario de los Trabajadores)*, el *Frente Quintín Lame*, el *Comando Ernesto Rojas*, la *Corriente de Renovación Socialista (CRS)*, el *Frente Francisco Garnica* y tres sectores de las milicias populares. Las *FARC* y el *Ejército de Liberación Nacional (ELN)*, reunidos bajo la *Coordinadora*

Guerrillera, se sentaron en la mesa de negociaciones, primero en Caracas y luego en México. Fue la primera vez que las partes llegaron a una agenda de negociación de diez puntos y consiguieron acuerdos de mediación y de verificación internacional. El gobierno siempre condicionó su avance a que cesara el fuego y a que la guerrilla renegara de la lucha armada. *La Coordinadora* siempre se negó a discutir ese tema y los diálogos llegaron a un punto muerto. Los siguientes presidentes, Ernesto Samper y Andrés Pastrana, hicieron nuevos esfuerzos por reanudar conversaciones, pero ambos fracasaron.

Escándalos de la narcopolítica

Samper, presidente de 1994 a 1998, pasó la mayor parte de su presidencia sumido en la crisis que se desató al hacerse pública la financiación de su campaña con dineros del narcotráfico. Mientras él se defendía con un bufete de abogados, el general Harold Bedoya Pizarro, a la cabeza del ejército, trató de contener las guerrillas en el sur y dio vía libre a los paramilitares en el norte. Los paramilitares son grupos armados ilegales de extrema derecha que se organizan para combatir a los grupos armados de extrema izquierda (guerrillas). Extraoficialmente trabajan con el ejército, pero no se ciñen a la ley como los uniformados, así que se encargan del trabajo sucio. Bajo el mando de Bedoya, con un estado debilitado y una política desastrosa, el ejército sufrió diecisiete grandes derrotas. Las *FARC* quedaron más fortalecidas y con la ilusión de la victoria en todo el territorio nacional. Además, a partir de entonces se fortaleció el paramilitarismo, que se sumaba a la ya larga lista de problemas del país. Para ese entonces la guerrilla ya no solo era un movimiento que buscaba voz política y ser una alternativa al bipartidismo, sino un negocio que se enriquecía mediante el secuestro, la extorsión y la asociación con los narcotraficantes. Debido a que el ejército no podía entrar en ciertas zonas del país dominadas por la guerrilla, allí se instalaron laboratorios de droga. Así nacieron las narcoguerrillas.

Los conflictos de la creación de una zona de despeje

Andrés Pastrana, presidente desde 1998 hasta 2002, optó por conversar con los líderes guerrilleros de forma directa. El 14 de octubre de 1998 accedió a despejar 42000 kilómetros cuadrados en la zona del Caguán, un territorio que las *FARC* exigían para adelantar diálogos de paz. Muchos campesinos y familias debieron abandonar sus casas y campos de cultivo para no quedar dentro del territorio guerrillero. Las conversaciones se llevaron a cabo en medio del fuego cruzado. La guerrilla convirtió la zona de despeje en su trinchera y desde allí aumentaron el número de secuestros y extorsiones. Militarmente se fortalecieron más que nunca en su historia; hacia el final del gobierno de Pastrana, la guerrilla tenía 26000 hombres sin sumar su milicia. En 2002, tras el secuestro del congresista Jorge Eduardo Gechen, el presidente Pastrana dio la orden de que se retomara la zona de despeje.

En medio de un clima de creciente desconfianza hacia las intenciones de la guerrilla de desarmarse, y por parte de la guerrilla hacia la capacidad del gobierno de ofrecer las garantías necesarias para el desarme, surgió un candidato político para las elecciones de 2002 que proponía una línea de actuación dura, diametralmente opuesta a la de su predecesor. Ganó las elecciones en la primera vuelta.

Vocabulario

mediación:	acción y efecto de mediar entre intereses contrapuestos
verificación:	examen de la verdad o exactitud de un cosa
avance:	acción de mover hacia adelante, progreso
renegar:	negar con insistencia algo, decir injurias contra alguien
bufete de abogados:	despacho de un grupo de abogados
ceñirse:	ajustarse, amoldarse a una ocupación, trabajo o asunto
fortalecerse:	hacerse más fuerte o vigoroso
extorsión:	presión que se ejerce sobre alguien mediante amenazas para obligarlo a actuar de determinada manera
despejar:	dejar un lugar libre
trinchera:	defensa excavada en la tierra para protección de los soldados
extorsión:	acción y resultado de usurpar una cosa a una persona sirviéndose de la violencia y la intimidación

Comprensión del texto

1. Resume brevemente el contenido del artículo.

____

____

____

____

2. ¿Qué es la narcoguerrilla?

____

3. ¿Quiénes son los paracos?

____

4. ¿Por qué el ejército se alió con los paramilitares?

____

5. ¿A qué se llamó zona de despeje?

____

6. De la lista de presidentes que has leído, ¿cuántos y quiénes intentaron dialogar con la guerrilla?

____

7. ¿Qué errores crees que se cometieron durante la búsqueda del proceso de paz?

____

Interpretación

1. Divide el texto y pon un título a cada una de las presidencias que acabas de ver.
2. ¿Cuáles han sido las repercusiones del fracaso de la búsqueda de la paz?

___

___

___

3. ¿Crees que recurrir a grupos al margen de la ley durante las guerras las alarga o las acorta?

___

___

___

Lengua

Reescribe las siguientes frases o expresiones sin cambiar el significado original.

1. Muchos campesinos y familias debieron abandonar sus casas y campos de cultivo para no quedar dentro del territorio guerrillero.

___

___

___

2. El movimiento guerrillero M-19 se tomó a sangre y fuego el palacio de justicia.

___

___

___

3. Ernesto Samper y Andrés Pastrana hicieron nuevos esfuerzos por reanudar conversaciones, pero ambos fracasaron.

___

___

___

4. Bajo el mando de César Gaviria se celebró la asamblea constituyente y así se abrió paso al proceso de desmovilización.

___

___

___

El nuevo milenio y un cambio de dirección en el proceso pacificador

Firma del acuerdo final de paz entre el Gobierno colombiano y las FARC, el 26 de septiembre de 2016 (Fotografía: Gobierno de Chile, Wikimedia Commons).

Primeros esfuerzos de Álvaro Uribe por negociar la paz

En 2002 subió al poder Álvaro Uribe Vélez, quien acabaría siendo elegido durante dos periodos consecutivos, de 2002 a 2010. Durante los primeros meses procuró acercamientos para negociar la paz con los distintos grupos guerrilleros, pero después de repetidas fallas por parte y parte, el *ELN* regresó a la confrontación militar y a la ofensiva política. El gobierno, reforzado militarmente, contraatacó y redujo a la guerrilla hasta unos 8000 guerrilleros en 2008. El *ELN* se asoció con bandas de narcotraficantes en los departamentos de Cauca y Nariño, relacionadas a su vez con grupos paramilitares de derecha. Eso llevó, eventualmente, a la radicalización de posiciones de la guerrilla, no solo del *ELN*, sino también de las *FARC*. Al finalizar el gobierno uribista, las cifras oficiales que presentó el presidente al país fueron estas: 40000 capturas, 17000 desmovilizaciones, ocho millones de unidades de munición incautadas a las guerrillas y 16000 guerrilleros muertos. También acogió a más de 31000 miembros de las autodefensas que accedieron a desmovilizarse. Si bien Uribe redujo la guerrilla, su excesivo interés por presentar resultados llevó al escándalo de los falsos positivos, es decir, el asesinato de civiles inocentes a los que hacían pasar como guerrilleros muertos en combate para inflar las cifras.

Conversaciones entre gobierno y guerrilla en la Habana

Lo reemplazó el presidente Juan Manuel Santos, mucho más moderado y abierto al diálogo. En noviembre de 2012 se iniciaron las conversaciones con la guerrilla de las *FARC* en La Habana. Tras cinco años de difíciles negociaciones y gracias al respaldo de la *ONU* y de cuarenta y siete países se firmó el *Acuerdo para la terminación definitiva del conflicto*, que se realizó en Bogotá el 24 de noviembre de 2016. Fue uno de los días más esperados y celebrados en toda la nación.

Según cifras del *Registro Único de Víctimas (RUV)*, en treinta años de conflicto armado se produjeron 8´349484 víctimas, desde agosto de 1986, durante el gobierno de Belisario Betancur, hasta julio de 2016, durante la presidencia de Santos. El *RUV* precisó que de los 8´349484, hay 7´134646 de desplazados, 983033 homicidios, 165927 desapariciones forzadas, 10237 torturas y 34814 secuestros, entre otros hechos. Tras la firma definitiva de la paz en diciembre de 2016, Juan Manuel Santos recibió el *Premio Nobel de la Paz*.

Vocabulario

ofensiva:	situación del que está atacando
contraatacar:	responder contra el ataque del enemigo
munición:	conjunto de cosas necesarias para el mantenimiento de un ejército o de una población fortificada
respaldo:	ayuda, protección o apoyo

El inicio de la paz tan ansiada

Los grandes obstáculos de la paz recién firmada

Pese a lo significativa que ha sido la firma de la paz y el reconocimiento del premio Nobel, es apenas el primer paso de un largo camino. La sociedad colombiana se encuentra dividida respecto a la viabilidad permanente de esa paz, pues las injusticias y desigualdades que dieron lugar a la violencia en primer lugar siguen presentes y hay un encono muy marcado por parte de algunos sectores. En cualquier caso, todos los grupos y la sociedad están de acuerdo en que desean la paz y este ha sido, en definitiva, un paso en la dirección correcta.

La *Comisión para el esclarecimiento de la verdad, la convivencia y la no repetición* inició en noviembre de 2018 la tarea de completar los vacíos existentes en la historia de la guerra en Colombia. La institución nació como fruto de los acuerdos de paz entre el gobierno y las *FARC* (sobre las víctimas del conflicto) y tendrá tres años para escuchar a las víctimas, a los victimarios, a los testigos de la guerra y a los sectores involucrados, sean políticos o económicos. Con esos testimonios se elaborará un informe final en el que se contará lo que ocurrió en el conflicto, las consecuencias que dejó en las comunidades, y qué debe hacerse para que no se repitan los hechos de violencia.

Vocabulario

ansiado:	deseado de forma intensa
encono:	animadversión, rencor arraigado
viabilidad:	posibilidad de que una cosa sea realizada
involucrar:	comprometer a una persona en un asunto ajeno a ella

Cómo se construye la paz: el ejemplo de Medellín

Medellín como referente de ciudadanía comprometida

La guerra de los carteles que se tomó Medellín en la década del ochenta y del noventa fue cediendo terreno ante la actuación conjunta y decidida de la ciudadanía con el respaldo del gobierno. En los barrios de la periferia, donde cruzar las llamadas fronteras invisibles podía ser castigado con la muerte, ahora se puede caminar con tranquilidad. El silencio de las noches ya no es interrumpido por ráfagas de fusil, como lo era en los tiempos del reinado del narcotráfico. Hoy hay fiestas casi todos los días en barrios donde antes solo había dolor y muerte.

Medellín es la única ciudad colombiana que tiene metro (Fotografía: Tmshrra. Wikimedia Commons).

Medellín se ha reinventado a sí misma y hoy es radicalmente distinta a la de hace treinta años, cuando el pronóstico de la violencia era descorazonador. El mejor retrato de la ciudad en aquella época lo escribió Fernando Vallejo en su novela *La virgen de los sicarios*, que fue llevada al cine. A principios de los noventa la ciudad poseía una de las tasas de criminalidad más altas del mundo. Hoy ya ni siquiera figura en la lista de las cincuenta más peligrosas y se considera una ciudad modélica. Los paisas –como se conoce a los habitantes de la zona cafetera, particularmente a los de Medellín– le han ganado terreno a la violencia gracias, en parte, a un movimiento cívico. Aunaron los esfuerzos de los políticos, los jefes de la industria y los arquitectos para lograr un objetivo; si bien la arquitectura era la fase más visible de su trabajo, lo crucial era crear una arquitectura social que permitiera construir un mejor futuro para todos. Y lo están logrando.

Promover la lectura ha sido clave en el cambio de Medellín

Una de las principales apuestas de la ciudad ha sido promover la lectura. Diferentes organizaciones han impulsado proyectos como talleres literarios, concursos de cuentos y el Bazar del libro. Se trata de crear espacios y ambientes para facilitar textos escolares y difundir la literatura infantil. Todas las bibliotecas escolares cuentan con acceso a Internet, no sólo para las instituciones educativas sino también para el público. Si bien eso es natural en cualquier ciudad europea, en un país en vías de desarrollo como Colombia constituye un logro notable.

Vocabulario

ráfaga:	conjunto de proyectiles que en sucesión rapidísima lanza un arma automática
fusil:	arma larga de fuego, portátil, que dispara balas
descorazonador:	que quita o disminuye el ánimo o la esperanza
modélico:	que puede servir de modelo por ser muy bueno
aunar:	unir, confederar para algún fin
apuesto:	de gentil disposición
promover:	activar o impulsar la realización de una cosa

Comentario

¿Qué significa la firma del acuerdo de paz para Colombia?

Lengua

Explica con tus propias palabras:

1. el principal logro y la principal falla del gobierno de Álvaro Uribe

2. ¿Cómo le ha ganado Medellín terreno a la violencia?

3. ¿Qué hará la comisión para el esclarecimiento de la verdad?

Comprensión del texto

Lee el siguiente fragmento de *La virgen de los sicarios*, de Fernando Vallejo, y describe con tus propias palabras cómo era la vida de los jóvenes que caían en garras de la mafia en Medellín.

Ustedes no necesitan, por supuesto, que les explique qué es un sicario. Mi abuelo sí, necesitaría, pero mi abuelo murió hace años y años. Se murió mi pobre abuelo sin conocer el tren elevado de los sicarios, fumando cigarrillos Victoria que usted, apuesto, no ha oído siquiera mencionar. Los Victoria eran el basuco de los viejos, y el basuco es cocaína impura fumada, que hoy fuman los jóvenes para ver más torcida la torcida realidad, ¿o no? Corríjame si yerro. Abuelo, por si acaso me puedes oír del otro lado de la eternidad, te voy a decir qué es un sicario: un muchachito, a veces un niño, que mata por encargo. ¿Y los hombres? Los hombres por lo general no, aquí los sicarios son niños o muchachitos, de doce, quince, diecisiete años, como Alexis, mi amor: tenía los ojos verdes, hondos, puros, de un verde que valía por todos los de la sabana. Pero si Alexis tenía la pureza en los ojos, tenía dañado el corazón. Y un día, cuando más lo quería, cuando menos lo esperaba, lo mataron, como a todos nos van a matar.

Análisis

Analiza por qué Medellín se ha convertido en un modelo para el país de cómo construir una sociedad pacífica.

Comentario

Escribe un fragmento o una reflexión de aprox. 200 palabras sobre la paz, pero sin usar esa palabra. Utiliza, al menos, cinco de estas: **concordia, calma, sosiego, apaciguamiento, tregua, serenidad, aplomo, sensatez, prudencia.**

6. Patrimonio de la *UNESCO* en Colombia y el *Sistema de Parques Naturales Nacionales de Colombia*

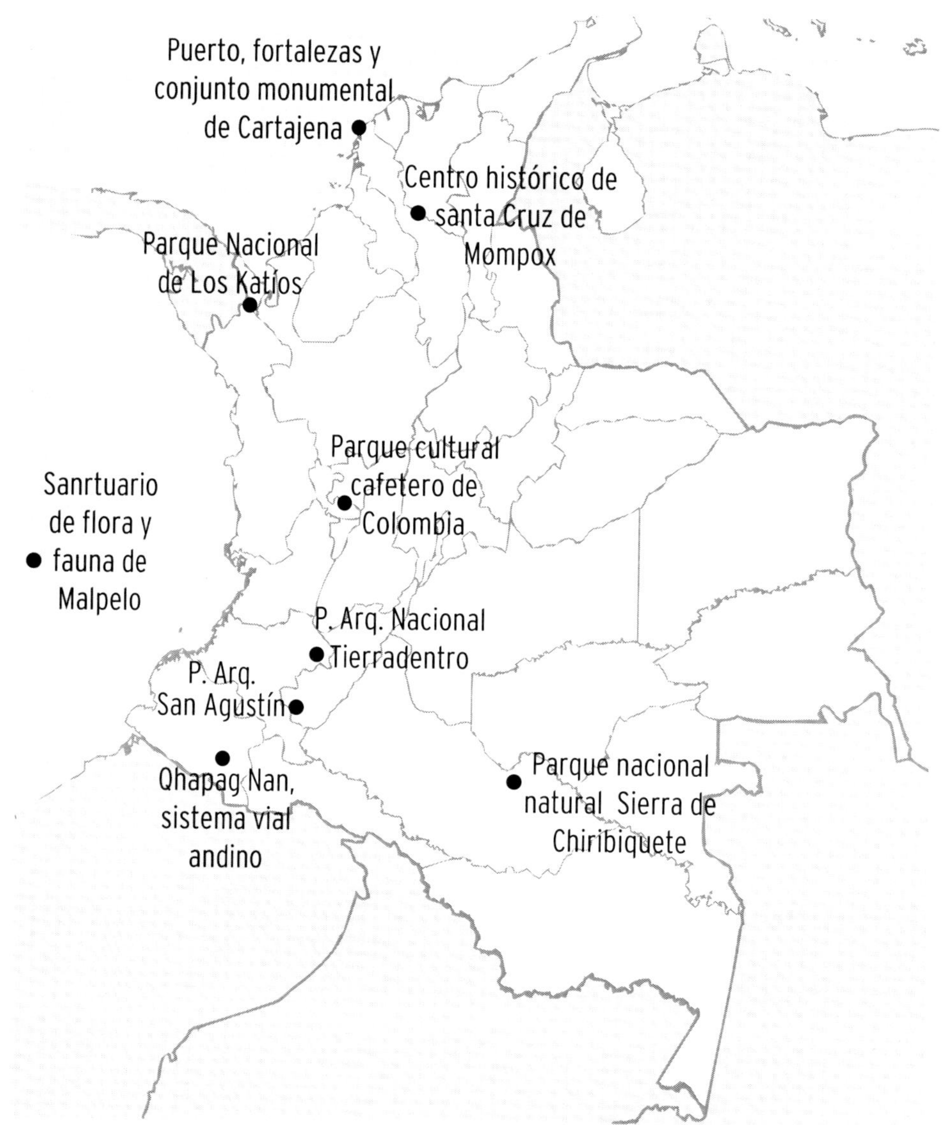

Localización de los Sitios del Patrimonio de la Humanidad en Colombia (Wikimedia Commons).

La *Lista del Patrimonio Mundial* de la *UNESCO* consta de 1092 sitios repartidos por 167 países. Nueve de ellos –dos sitios naturales, seis bienes culturales y uno de carácter mixto– se encuentran en Colombia, así como otras diez manifestaciones culturales tradicionales. De esa lista destacan:

Parque Nacional de Chiribiquete – La maloca del jaguar

Bien mixto inscrito en 2018.
Localización: Caquetá y Guaviare.

Parque Nacional de Chiribiquete. Montaje fotográfico de uno de los numerosos murales de arte rupestre existentes en el parque (Fotografía: Carlos Castaño Uribe. Wikimedia Commons).

Territorio natural protegido más extenso del país

Situado al noroeste de la Amazonia colombiana, el Parque Nacional de Chiribiquete es el territorio natural protegido más extenso de todo el país. Es, además, el Parque Nacional Natural de selva húmeda tropical más grande del continente. Sus paredes resguardan pinturas de animales salvajes con 12000 años de antigüedad, similares a las de Lascaux en Francia o a las de Altamira en España. Según la mitología indígena local, es un lugar sagrado e ir allí equivale a pasar a otro mundo.

Los árboles alcanzan hasta veinte metros de altura y las montañas rocosas, conocidas como tepuyes, llegan hasta los 1000 metros de altura. Consisten en grandes formaciones rocosas elevadas y aisladas, de pendiente vertical y cimas planas. El paisaje predominante es la selva densa.

La fauna presente en la zona todavía no ha sido totalmente estudiada. En las paredes de unas sesenta grutas situadas al pie de estas elevaciones existen más de 75000 pinturas rupestres cuya ejecución sorprende por su belleza y originalidad. Al conjunto se le conoce como la Capilla Sixtina de la Amazonia. Los dibujos se han relacionado con un culto al jaguar, símbolo de potencia y fertilidad. Estas expresiones pictóricas representan escenas cinegéticas, guerreras, danzantes y ceremoniales.

El tesoro natural de Chiribiquete

Chiribiquete es el área protegida más grande de Colombia: pasó de 2,7 millones de hectáreas a 4,2 millones con la última ampliación, lo que la convierte, de paso, en el punto de contacto entre las regiones de Amazonia, Andes y Orinoquia.

Vocabulario

sagrado:	que merece un respeto excepcional y no puede ser ofendido
equivaler:	ser igual a otra cosa en la estimación, valor, potencia o eficacia
rocoso:	dicho de un lugar que está lleno de rocas
tepuy:	formación geológica consistente en una meseta muy elevada con las paredes verticales que sobresale marcadamente del resto del terreno
cima:	punto más alto de los montes, cerros y collados
gruta:	caverna natural o artificial
rupestre:	que está hecho en las rocas
cinegético:	de la caza o relacionado con ella

Puerto, fortalezas y conjunto monumental de Cartagena

Bien cultural inscrito en 1984.
Localización: Bolívar.

Cartagena de Indias (Fotografía: Margarita Borrero Blanco).

La heroica convertida en destino turístico

Resguardado en una bahía del mar Caribe, el puerto de Cartagena posee las fortificaciones más imponentes de cuantas construyeron los españoles en el nuevo mundo. Representa, además, uno de los conjuntos arquitectónicos más representativos del período colonial, con multitud de edificaciones civiles y domésticas, iglesias y claustros, calles y plazas que le dan un carácter único a nivel mundial.

El antiguo sistema de zonificación dividió la ciudad antigua en tres barrios diferenciados que son parte del patrimonio: el barrio de San Pedro, con la catedral y palacios de estilo andaluz; el de San Diego, antiguo lugar de residencia de los mercaderes y la pequeña burguesía; y la barriada popular de Getsemaní.

Vocabulario

bahía:	entrada natural de mar en la costa, de extensión considerable
claustro:	galería que cerca el patio principal de una iglesia o convento
zonificación:	área geográfica dividida en sectores heterogéneos conforme a ciertos criterios
barriada:	parte de un barrio

Centro histórico de Santa Cruz de Mompox

Bien cultural inscrito en 1995.
Localización: Bolívar.

Un colorido puerto en el río Magdalena

Fundada en 1540, a orillas del río Magdalena, Mompox desempeñó un importante papel en el establecimiento del dominio español en la parte norte de Suramérica. Desde la conquista en el siglo XVI hasta el XIX la ciudad fue creciendo en paralelo al río. Allí llegaban barcos de todas partes de Europa y por esa razón se mezclaron diferentes estilos arquitectónicos, especialmente en las iglesias. Contiene una gran cantidad de tendencias arquitectónicas que respondían al capricho artístico de su constructor. Iglesias como San Francisco y Santo Domingo se distinguen por sus elementos decorativos y creativamente libres.

Vocabulario

desempeñar:	ejercer las obligaciones inherentes a una profesión, cargo u oficio
capricho:	deseo o propósito que carece de fundamento racional

Parque Arqueológico de San Agustín

Bien cultural inscrito en 1995.
Localización: Huila.

Mayor conjunto de monumentos religiosos

En este parque tiene el mayor conjunto de monumentos religiosos y de esculturas megalíticas existente en Suramérica. Las representaciones de deidades y bestias mitológicas están ejecutadas con gran maestría y sus estilos van desde la abstracción hasta el realismo. Muestran la fuerza creadora e imaginativa de una cultura de la región andina septentrional que floreció entre los siglos I y VIII.

Existen más de 300 dólmenes, tumbas y estatuas monolíticas con formas antropomorfas y zoomorfas. Además, destaca la Fuente de Lavapatas, una serie de canales por donde circula el agua y que está adornada con figuras acuáticas. Es el testimonio imborrable de una civilización desaparecida y que, según las investigaciones, data del año 3000 a.C.

Vocabulario

megalítico:	monumento prehistórico
deidad:	cada uno de los dioses de las diversas religiones
dolmen:	monumento megalítico compuesto de una o más lajas colocadas de plano sobre dos o más piedras verticales
antropomorfo:	que tiene forma humana
imborrable:	que no se puede borrar o hacer desaparecer

Santuario de flora y fauna de Malpelo

Bien natural inscrito en 2006.
Localización: Valle del Cauca.

Complejo Funerario. Parque arqueológico de San Agustín (Fotografía: Karolynaroca. Wikimedia Commons).

Pesca prohibida para proteger especies en peligro

Este santuario de fauna y flora, a 506 kilómetros del litoral colombiano, comprende la isla de Malpelo y su zona marítima de influencia. Originalmente tenía 950000 hectáreas protegidas, pero en 2017 fue ampliada a casi 2,5 millones. Su vasto parque marino, la zona de pesca prohibida más extensa de toda la región tropical del Pacífico Oriental, constituye un hábitat crucial para una serie de especies marinas en riesgo de desaparecer. La isla en sí consta de dos enormes rocas que se sitúan en la cima de una cordillera sumergida y que son el hogar de enormes pájaros. Su mayor riqueza reside, sin embargo, debajo de sus aguas, pues es una especie de Arca de Noé del mar que guarda la mayor diversidad de especies del océano Pacífico. Está rodeada de una barrera protectora de coral y es un santuario para la preservación de miles de mamíferos y peces. Asimismo, es una importante fuente de nutrientes y, por lo tanto, una zona de gran acumulación de biodiversidad marina.

La isla de Malpelo es el hogar de meros gigantes, peces voladores y especies raras de tiburones. Destaca el famoso tiburón monstruo, que sólo se han reportado en dos sitios del mundo. Las ballenas jorobadas arriban generalmente en agosto para dar luz a sus crías. Su costa se considera un paraíso del buceo debido a la belleza excepcional de sus acantilados y grutas, y a que sus aguas profundas sirven de refugio a un número considerable de especies pelágicas.

Vocabulario

crucial:	que es muy importante o decisivo
sumergir:	meter una cosa debajo del agua o de otro líquido
coral:	invertebrado acuático de color rojo o rosado que forma colonias en el fondo del mar
mero:	pez teleósteo marino muy apreciado por su carne, que llega a tener un metro de largo
tiburón:	pez selacio marino, del suborden de los escuálidos, muy voraz, y del que existen varias especies
ballena jorobada:	una de las más reconocidas de todas las ballenas debido a la joroba de la aleta dorsal - pueden llegar a medir entre 13 y 16 metros
buceo:	nadar manteniéndose debajo del agua y conteniendo la respiración
acantilado:	dicho de una costa que forma escalones o cantiles
pelágico:	se aplica a las aguas marinas que están por encima de los 800 metros de profundidad y a los organismos que habitan en ellas

Parque Arqueológico Nacional de Tierradentro

Bien cultural inscrito en 1995.
Localización: Cauca.

Tumbas subterráneas de una sociedad antigua

Este parque agrupa estatuas monumentales prehispanicas de personajes humanos y contiene numerosos hipogeos que datan de los siglos VI a X. Estas vastas tumbas subterráneas de enormes dimensiones (algunas cámaras mortuorias tienen 12 metros de anchura) están ornamentadas con motivos que reproducen la decoración interior de las viviendas de ese periodo. Los monumentos del parque atestiguan la complejidad social y la riqueza cultural de una sociedad prehispánica de la región andina septentrional.

Vocabulario

hipogeo:	capilla o edificio subterráneo
septentrional:	del norte

Comprensión del texto

1. ¿Con qué se comparan las pinturas rupestres de Chiribiquete?

____

2. ¿Cuáles son los tres principales barrios de la zona antigua de Cartagena?

____

Comentario

1. De los parques naturales mencionados, ¿cuál visitarías y por qué?

____

____

____

____

____

____

2. Imagina que la National Geographic está buscando un periodista que quiera pasar una temporada documentando las especies de la isla de Malpelo. Estás interesado en el trabajo, así que les escribes un largo mensaje por correo electrónico explicando por qué eres el candidato indicado y demostrando lo mucho que te interesa la zona. Puedes usar Internet para documentarte.

Lengua

Completa con los verbos y tiempos verbales correspondientes: **fue, contiene, ejecutadas, es, desempeñó**

1. Su vasto parque marino ______________________ la zona de pesca prohibida más extensa de toda la región tropical del Pacífico Oriental.
2. A pesar de ser un área muy pequeña del territorio nacional, ______________________ cerca del 30% de las aves registradas en el país.
3. Las representaciones de deidades y bestias mitológicas están ______________________ con gran maestría.
4. Mompox ______________________ un importante papel en el establecimiento del dominio español en la parte norte de Suramérica.
5. La industria cafetera ______________________ la principal actividad económica del país durante gran parte del siglo pasado.

7. El arte y el futuro

Cinco grandes problemas que enfrenta el país

Hoy por hoy, Colombia es una nación que se sobrepone a más de medio siglo de guerras concatenadas y que combate cinco grandes problemas: la corrupción, el narcotráfico, las guerrillas que aún quedan y las disidentes tras la firma de la paz, la delincuencia común y organizada, y la enorme deuda externa. Entre sus tareas pendientes está reconstruir el tejido social que medio siglo de guerras ha destrozado y emprender la más grande de sus empresas, esta vez como nación: ser la potencia que puede ser, no solo económica, sino como líder en el ámbito ecológico, pues su biodiversidad la ha convertido en un punto neurálgico del planeta.

Las cifras actuales de la pobreza

Entre los problemas que hay que resolver existe el desamparo de los campesinos, que se dedican a los cultivos ilícitos por falta de oportunidades. Nadie se arriesgaría a sembrar cocaína y marihuana si tuviera resueltas las necesidades básicas de subsistencia, dignidad y educación. La pobreza afecta especialmente a mujeres negras o indígenas de origen campesino, que han sido desplazadas o fueron víctimas de la violencia. Son cabezas de familia, no cuentan con un empleo formal y sus ingresos diarios no alcanzan para alimentar a sus familias. Hay cuatro millones de colombianos que son calificados como pobres extremos: la mayoría vive en regiones apartadas, donde no llega la presencia del estado ni la inversión. Lo único que hay en esas zonas son las secuelas del conflicto armado, que a ratos se reaviva y se ceba sobre una población arrasada por la guerra. También hay pobreza extrema alrededor de áreas urbanas, en los llamados barrios de invasión, donde las personas de bajos recursos ocupan zonas marginales, establecen asentamientos inadecuados e ilegales y carecen de posibilidades de ascender en la escala social.

Un país integrado en el mundo actual

Por otra parte, es un país moderno, integrado complejamente en el mundo, donde un artista, un investigador, un creador pueden obtener reconocimiento mundial. Ya está maduro para emprender la conquista de algo que muchos otros tienen hace tiempo: ser una nación donde los pobres puedan comer, donde la clase media crezca, donde los ricos no acaparen para sí lo que pertenece a todos.

El pluralismo como seña de identidad que cobra fuerza

Colombia ha comenzado a asumir pluralismo étnico, a valorar las tradiciones indígenas y a recuperar su conocimiento de un mundo que sus antepasados habitaron con sabiduría. Hay interés en aprender de nuevo sobre las propiedades medicinales de las plantas, los animales y los árboles, y urge hacerlo antes de que mueran los últimos chamanes, pues con ellos perecería para siempre un saber ancestral. Cada viejo que muere es una biblioteca que arde, especialmente cuando se trata de sabios cuyos conocimientos son únicos y valiosos.

El arte colombiano es una mezcla heredada de diferentes tradiciones que han dado lugar a las distintas identidades regionales. Por ejemplo, los cachacos del altiplano cundiboyacense se caracterizan por sus modales, los paisas

El carácter según las regiones

de Antioquia son famosos por su carácter emprendedor, los llaneros de los Llanos Orientales destacan por su apego y amor a la tierra, los costeños de las costas del Caribe tienen fama de ser alegres, y los santandereanos de los dos Santanderes (norte y sur) pasan por ser gente estricta y disciplinada. Todas estas comunidades y sus manifestaciones artísticas convierten a Colombia en una fascinante nación multicultural cuyas formas de ser son variadas y lo reflejan en arquitectura, música, arte y literatura.

Las figuras más destacadas del arte colombiano son: en pintura y escultura Fernando Botero, en música moderna Shakira y en literatura Gabriel García Márquez.

Vocabulario

sobreponer:	superar un problema o una situación difícil
concatenado:	unido o enlazado a dos o más cosas
neurálgico:	lugar, momento o situación que es muy importante
desamparo:	estado de alguien que no posee la protección que necesita
sembrar:	arrojar y esparcir las semillas en la tierra
apartado:	que está lejos o retirado del lugar que se toma como centro o referencia
cebarse:	ensañarse, encarnizarse contra una víctima
acaparar:	llevarse todo o la mayor parte de una cosa
sabiduría:	grado más alto del conocimiento
chamán:	hombre que hace predicciones, invoca espíritus y ejerce prácticas curativas
arder:	quemar, sufrir la acción del fuego
emprendedor:	persona con iniciativa que establece y desarrolla una empresa o negocio

Escribir

1. Explica el significado de la frase: «Cada viejo que muere es una biblioteca que arde».

2. ¿Qué estereotipos se aplican a las distintas regiones colombianas?

Comprensión del texto

1. Según el texto, ¿por qué la biodiversidad de Colombia la convierte en un punto neurálgico del planeta?

____

____

2. ¿Cuáles son los principales problemas que enfrenta ahora el país?

____

____

3. Explica lo que es el pluralismo étnico.

____

____

Interpretación

Tras la lectura de este texto, ¿crees que Colombia puede mirar hacia el futuro con optimismo o con pesimismo? Explica tu respuesta.

____

____

____

____

____

____

____

____

____

____

Las esculturas internacionales de Fernando Botero

Plaza Botero, en Medellín (Fotografía: Iván Erre Jota, Flickr, Creative Commons).

Las gordas de Botero conquistan el mundo

A Botero, pintor y escultor de talla internacional, se le conoce en el mundo por sus figuras voluminosas o sus gordas, como les dicen coloquialmente. En Colombia se le conoce además por su generosidad, pues donó 208 obras de grandes artistas y propias al *Museo del Banco de la República*. Desde 1977 su inventario de donaciones ha llegado a acumular 324 piezas.

Botero trabaja todos los días durante ocho horas diarias, de diez de la mañana a ocho de la noche, incluidos los sábados y los domingos. En sus talleres de Nueva York, Montecarlo y Pietrasanta (Italia) pinta o esculpe con el mismo frenesí. En México no tiene taller, pero allí hace pinturas y acuarelas. No se dedica a otra cosa con más pasión y alegría que al arte. Si viaja es para reunirse con sus nietos o para acompañar a «sus gordas». Entre sus esculturas expuestas en lugares públicos de distintas ciudades del mundo destacan *El hombre vestido*, en Medellín; *El gato*, en Barcelona; *Mujer con espejo*, en Madrid; *Maternidad*, en Lisboa; *La Venus*, en Londres; *El gran pájaro*, en Singapur; y *El caballo*, en Dubai. Además de sus esculturas, sus cuadros se exhiben en museos como el *MOMA*, en Nueva York.

A sus 86 años trabaja tanto como antes de alcanzar la fama internacional. El tiempo le ha alcanzado para convertirse, además, en uno de los filántropos colombianos más destacados de la historia.

Vocabulario

generosidad:	cualidad de la persona que da a los demás, de forma desinteresada
frenesí:	excitación extrema, delirio furioso
escultura:	arte de modelar, tallar y esculpir en cualquier material para representar figuras en tres dimensiones
filántropo:	persona que siente amor hacia sus semejantes y obra desinteresadamente en bien de la comunidad

La música colombiana en el mundo

Las caderas de Shakira son tan famosas como sus melodías que fusionan ritmos libaneses, románticos y rockeros. Nacida en Barranquilla el 2 de febrero de 1977, se inició en el mundo de la música a los ocho años. Poco tiempo después de graduarse del colegio lanzó al mercado *Pies descalzos,* disco que la llevaría a alcanzar el éxito en Latinoamérica. Sus siguientes discos le abrieron paso en la industria musical de Estados Unidos, desde donde se convirtió en una de las cantantes más famosas del mundo.

Aparte de la música, siempre ha trabajado para ayudar a los niños más necesitados de Colombia y para ello creó la *Fundación Pies Descalzos*. Su proyecto original era destinar parte de sus ganancias como cantante a alimentar a niños desplazados que sufrían de desnutrición. Posteriormente, decidió construir escuelas que, además de formar a los niños, tuvieran un impacto positivo en la comunidad y los alejara de la delincuencia. En la actualidad, la fundación ya tiene seis planteles educativos. La calidad de la enseñanza es tan alta que han sido avaladas como las mejores escuelas públicas del país.

El mensaje que quiere dejar Shakira es claro: «Lo único que cambiará el destino de América Latina y del Caribe será que los gobiernos pongan en el centro la inversión en educación de calidad para todos los niños desde que nacen y por siempre».

En el mundo de la música clásica destaca el director de orquesta Andrés Orozco-Estrada, nacido en Medellín en 1977. Formado y afincado en Viena desde hace más de veinte años, Orozco-Estrada es mundialmente reconocido como uno de los mejores directores sinfónicos de la actualidad. Debutó en 2006 y desde entonces ha dirigido algunas de las más prestigiosas orquestas del mundo, como la *Filarmónica de Berlín*, la *Filarmónica de Viena*, la *Orquesta Nacional de Francia*, la *Staatskapelle de Dresde* y la *Mahler Chamber Orchestra*. Su nombramiento como director titular de la *Sinfónica de Viena* significa que ha alcanzado una de las cimas de su profesión.

Vocabulario

descalzo: que tiene los pies desnudos
desplazado: migrante forzoso que sale en masa de su lugar de origen
avalar: otorgar crédito o reconocimiento a una cosa o persona
destino: futuro ya trazado e irreversible
reconocido: que es destacado o relevante

Lengua

Busca en Internet la canción de Shakira *Ciega Sordomuda* y cuenta, en tus propias palabras, a qué se refiere cuando dice que no ve ni oye ni puede hablar.

Comprensión del texto

1. ¿Por qué se dice que Botero es un filántropo?

2. ¿A qué se dedica la Fundación Pies Descalzos?

Comentario

¿Conoces alguna escultura de Botero? Descríbela y cuéntanos tus impresiones.

Literatura

En 1867 Jorge Isaacs escribió la novela cumbre del romanticismo colombiano, *María*, que incluso hoy sigue siendo de obligada lectura en planteles educativos de todo el país. La obra se destaca por el sentimiento del paisaje, así como por la calidad artística de su prosa y énfasis en la emoción. Ya entrando al siglo XX, destaca *La Vorágine* de José Eustasio Rivera, publicada en 1924 y considerada una de las obras más importantes dentro del modernismo latinoamericano.

La literatura colombiana se abre camino en el mundo gracias a Gabo

A partir de mediados del siglo XX la literatura colombiana se abre al mundo de la mano de Gabriel García Márquez, también conocido por su apodo Gabo. En 1982 recibió el Premio Nobel de Literatura impulsado por la novela que lo consagró, *Cien años de soledad*, su obra insigne y la más representativa del realismo mágico latinoamericano.

Después del éxito de la obra de Gabo, otros autores se han ido abriendo camino en el mapa mundial de las letras: William Ospina, Álvaro Mutis, Jorge Franco, Laura Restrepo, Piedad Bonnett, Héctor Abad Faciolince, Juan Gabriel Vázquez, Fernando Vallejo, Mario Mendoza y Enrique Serrano, entre otros.

Vocabulario

cumbre: dicho de una cosa que tiene la máxima perfección o importancia en su género
insigne: célebre

Gabriel García Márquez, entre el fusil y el diccionario

Política y literatura: dos pasiones que se dan cita en la obra de Gabriel García Márquez

Es inevitable hablar de la fascinación de Gabo con el poder y viceversa, la de los hombres poderosos por el escritor de Aracataca. El tema del poder ha fascinado a muchos grandes autores, entre ellos a William Shakespeare: responde a su deseo de entender los resortes que mueven el mundo. Entre los amigos dirigentes de García Márquez figuraban desde los más humanistas hasta algunos dictadores: el presidente del gobierno español Felipe González; el varias veces presidente de Venezuela, Carlos Andrés Pérez; el de Francia, Francois Mitterrand; el de México, Carlos Salinas de Cortari; y el general Omar Torrijos, el hombre fuerte de Panamá. También tuvo relaciones polémicas, la más criticada de todas fue la que sostuvo con el dictador cubano Fidel Castro.

Los hombres poderosos protagonizan varias de sus novelas, pero los más notables son Simón Bolívar, en *El general en su laberinto*, el coronel de *El coronel no tiene quien le escriba*, inspirado en su abuelo Nicolás, y el patriarca de *El otoño del patriarca*, que es una síntesis de distintos dictadores latinoamericanos que Gabo conoció o estudió al documentarse para escribir. No hay que hurgar

Gabriel García Márquez, el popular «Gabo» (Fotografía: Jose Lara, Wikimedia Commons).

muy hondo para encontrar el origen de ese interés, pues el propio abuelo del escritor, el coronel Nicolás Márquez Mejía (1864–1936), inculcó al nieto la curiosidad por la política y por los diccionarios. Son dos intereses distintos, pero en la vida y la obra de García Márquez están estrechamente vinculados.

El abuelo coronel de Gabo sirvió en las filas de Rafael Uribe Uribe

El abuelo de García Márquez militó en las filas del legendario general liberal Rafael Uribe Uribe (1859–1914), que inspiró el personaje del coronel Aureliano Buendía. Uribe Uribe, incansable e infortunado combatiente de tres guerras civiles, abogado, pedagogo, librero, periodista, diplomático, había sido también gramático. Aprovechó una de sus estancias en prisión para traducir a Herbert Spencer y escribir un *Diccionario abreviado de galicismos, provincialismos y correcciones de lenguaje* (1887). En 1896 se batió dialécticamente solo en el parlamento contra sesenta senadores conservadores. A fin de cuentas, la aplastante mayoría no le dejó otro camino que darle –según su propia frase– «la palabra a los cañones». Fue el protagonista central en la *Guerra de los Mil días* (1899–1902), al cabo de la cual se firmó la *Paz de Neerlandia*. El coronel Márquez fue subalterno y amigo de Uribe Uribe, y años después recibiría a su antiguo jefe en la casa familiar de Aracataca; esa casa que se ha hecho célebre por los escritos de su nieto. En una de esas visitas, Rafael Uribe regaló a Nicolás Márquez un diccionario, lo que resultaría un obsequio extraño entre dos antiguos militares si no fuera porque uno de ellos era escritor además de militar y, el otro, gran lector y abuelo de un futuro premio Nobel de literatura. En cualquier otra parte del mundo hubiera sido un instrumento del saber. En la casa de Nicolás Márquez era un instrumento del poder.

El bogotazo cambió el destino de Gabo

El estallido del Bogotazo, en 1948, en el que explotó la lucha bipartidista y que torció el rumbo de la historia de Colombia, también cambió el destino de García Márquez. En aquel entonces estudiaba Derecho en la capital y se quedó sin hogar debido a las manifestaciones violentas de aquella jornada. En total fueron destruidas 142 edificaciones, lo que incluía casas particulares, hoteles e iglesias del centro de la ciudad. Una de esas fue la pensión donde vivía el futuro premio Nobel. En lugar de cargarse de armas, enarboló la bandera de las palabras. Abandonó la capital y la carrera de leyes para dedicarse al periodismo y desde entonces dedicó sus horas libres a escribir cuentos y novelas.

Años después publicó la obra literaria moderna más sorprendente del idioma español, *Cien años de soledad*, cuya única rival en importancia es *El Quijote* de Cervantes. Fue un destino inesperado para un muchacho nacido en Aracataca, en una familia tan pobre que sus abuelos lo criaron porque sus padres no tenían recursos para hacerlo. Vivió una vida de cuento, algo parecido a lo que le ocurrió a Cenicienta, solo que en vez de hada madrina tuvo una musa literaria. Y una vocación a prueba de fuego.

Vocabulario

resorte:	pieza elástica, por lo general de metal, doblada en espiral que recobra su posición inicial tras ser comprimida por una fuerza externa
documentar:	proporcionar a uno los documentos necesarios para un fin
hurgar:	escarbar entre varias cosas
hondo:	profundo
inculcar:	infundir con ahínco en el ánimo de alguien una idea, un concepto
inspirar:	concebir ideas para la creación de una obra artística
batir:	vencer al enemigo; derrotar
cañón:	pieza hueca y larga, a modo de caña
subalterno:	dicho de una persona subordinada
célebre:	que tiene fama o es muy conocido entre la gente
obsequio:	regalo, presente que se le ofrece a una persona en señal de afecto
torcer:	cambiar la dirección de una cosa
enarbolar:	declararse partidario de un partido o ideología mediante los símbolos que los representan
inesperado:	que sucede sin esperarse o haber sido previsto
vocación:	inclinación a un estado, una profesión o una carrera

Comprensión del texto

1. ¿Cuál es el origen del interés de Gabriel García Márquez por los militares y los hombres de poder?

2. Según el texto, ¿qué obra en español se considera segunda en importancia después de El Quijote?

3. ¿De qué modo el Bogotazo cambió la vida del Nobel de literatura de Colombia?

Lengua

Mira esta breve entrevista en YouTube a Gabriel García Márquez y explica, en tus palabras, la similitud que establece entre los juglares medievales europeos y los primeros cantantes de vallenato:

- https://www.youtube.com/watch?v=2h7ZslgRFfU

El vallenato es un género musical del caribe colombiano. Tiene una notable influencia de la inmigración europea, ya que el acordeón fue traído por pobladores alemanes a Riohacha, La Guajira, a finales del siglo XIX. Tanto la organización estrófica como la métrica pertenecen a la tradición española.

A modo de conclusión

Los nuevos retos del país

Colombia se ha transformado de muchas maneras a lo largo de su historia, pero especialmente en las últimas décadas. Debido a la constante de la guerra, siempre ha sido un país muy encerrado y hasta cierto punto ajeno a lo que ocurre en el mundo exterior. Ahora que ha puesto en marcha su proceso de paz y ha podido, al fin, mirar y dedicar tiempo y recursos a otras problemáticas, la lista con la que se ha encontrado es enorme: la corrupción, la droga, la pobreza, la depredación del medio ambiente, la extenuación de las fuentes de agua, la contaminación… Su agenda ahora es la misma del resto de los países del planeta, pero ha llegado tarde a comenzar la tarea y tiene que ponerse al día.

Tesoros ambientales de Colombia

El país no está en condiciones de resolver sus problemas por sí solo, sino entrando decididamente en la dinámica del resto de las naciones que han puesto en primer lugar el tema de cómo salvar el planeta. El aporte colombiano puede y debe ser muy valioso, pues no solo es una potencia hídrica a nivel mundial, sino que tiene la responsabilidad de proteger parte del pulmón del planeta, la Amazonía, y especies únicas que tienen su hogar en su territorio. Para ello debe acabar con la minería ilegal, que está devastando la región del Amazonas, y las formas de ganadería irracionales que están arrasando con las fuentes del agua. Debe resolver sus problemas nacionales y aportar decididamente a las necesidades de preservación de sus reservas naturales, que se encuentran entre las más valiosas del planeta.

Creatividad y resiliencia para reinventar una nación

Uno de los patrimonios más valiosos de los colombianos es su creatividad en las artes, la música, los carnavales, las fiestas, la literatura; el país está muy vivo a pesar de su historia de muerte y de violencia. A su larga concatenación de guerras y violencia se ha opuesto, desde siempre, una tradición de lucha y una extraordinaria resiliencia. Comenzó con la fiera oposición de los indígenas ante las fuerzas invasoras europeas que los despojaron de sus tierras, luego vino la lucha de un pueblo que peleó por su independencia, no una, sino dos veces, y que no ha cesado de luchar desde entonces por una sociedad igualitaria y justa.

Millenials colombianos, la primera generación sin guerras

Por otra parte, es una nación que asimila muy bien el conocimiento técnico e industrial y que tiene acceso a saberes ancestrales indígenas que todavía no han sido valorados lo suficiente ni contemplados en los planes de preservación y desarrollo. No hay ninguna razón para que el país no lidere una gran transformación en la que se combinen el uso de la tecnología con el cuidado al medio ambiente. La nueva generación, los llamados *millenials*, tienen amigos y compañeros de trabajo en Berlín, en Moscú, en Anchorage, en Beijing, en Cafarnaún. Ya son parte de la red social y laboral del mundo. Esa nueva generación, que será la primera en medio siglo que crecerá sin el estigma de la guerra, tiene un potencial y una preparación que no ha tenido ninguna otra en la historia. Sobre ellos recae parte de la esperanza del país.

Magia y biodiversidad

Por último, a Colombia se le ha asociado a menudo con la magia y con el realismo mágico que Gabriel García Márquez llevó a su cúspide. También la magia salvaje de su naturaleza y su epatante biodiversidad. Una agencia de viajes presentaba así al país hace unos años: «Si quiere conocer el Caribe, vaya a Cuba o a República Dominicana. Si quiere conocer el océano Pacífico, vaya a Chile. Si quiere conocer la cordillera de los Andes, vaya al Ecuador. Si quiere conocer la selva amazónica, vaya al Brasil. Si quiere conocer las culturas precolombinas, vaya a México o al Perú. Pero si quiere ver todas esas cosas reunidas, vaya a Colombia».

Vocabulario

depredación:	pillaje, robo con violencia
extenuación:	debilitamiento de las fuerzas
concatenación:	acción y efecto de unir o enlazar dos o más cosas
resiliencia:	capacidad de adaptación de un ser vivo frente a un agente perturbador o un estado o situación adversos
fiero:	feroz e intenso
despojar:	quitar con violencia, robar
recaer:	dicho de un beneficio o de un gravamen que va a parar en alguien o sobre alguien
cúspide:	mayor elevación de algo
epatante:	que pretende causar o causa asombro o admiración

Bibliografía y enlaces recomendados

- Academia colombiana de la lengua. Bogotá.
  Página web: https://www.academiacolombianadelalengua.co/

- Arias Trujillo, Ricardo. 9 de abril de 1948. Panamericana Editorial, 1998 Cuadernillos de historia. ISBN: 9583004804, 9789583004803. 76 páginas.

- *Arcadia*. Revista cultural, Bogotá. Página web: https://www.revistaarcadia.com/

- Biblioteca Luis Ángel Arango. Bogotá.
  Página web: http://www.banrepcultural.org/biblioteca-virtual

- Bushnell, David. *Colombia, una nación a pesar de sí misma*. Ed. Planeta, 2016.
  ISBN 10: 9584217291 ISBN 13: 9789584217295.

- *Colombia, magia salvaje*. Documental disponible en Netflix. También en este enlace:
  https://www.documaniatv.com/naturaleza/colombia-magia-salvaje-video_990c50168.html

- De la Guardia, Miguel. *Las Leyes de Indias con las posteriores a este código vigentes hoy y un epílogo sobre las reformas legislativas ultramarinas*. Tomo I. Madrid 1889. Pdf digitalizado por la Universidad de Sevilla, Biblioteca de la Facultad de derecho.

- *El Espectador*. Periódico diario, Bogotá. Página web: https://www.elespectador.com

- *El Tiempo*. Periódico diario, Bogotá. Página web: https://www.eltiempo.com

- Fernández de Oviedo y Valdés, Gonzalo. *Historia General de las Indias*. Real Academia de la historia, Madrid; en la edición de Amador de los Ríos, José, 1851. Reproducción facsímil de Brewster Kahle, Founder, Internet Archive.

- García Márquez, Gabriel. *Cien años de soledad*. Ed. Debolsillo. 496 págs.
  ISBN: 9788497592208.

- García Márquez, Gabriel. *El coronel no tiene quien le escriba*. Ed. Literatura Random House. 96 págs. ISBN: 9788439719724.

- García Márquez, Gabriel. *El general en su laberinto*. Ed. Literatura Random House. 272 págs. ISBN: 9788439704782.

- Gaviria, Alejandro; Mejía, Daniel. *Políticas antidroga en Colombia, éxitos fracasos y extravíos*. Ed.Universidad de los Andes, Bogotá, 2011. 445 páginas. ISBN: 9789586956024, 9586956024.

- Gómez Gallego, Jorge Aníbal; Herrera Vergara, José Roberto; Pinilla Pinilla, Nilson. *Informe final de la Comisión de la Verdad sobre los hechos del Palacio de Justicia.* 2010 Editorial Universidad del Rosario, Universidad Colegio Mayor de Nuestra Señora del Rosario, Facultad de Jurisprudencia. ISBN: 978-958-738-073-6.

- Instituto Caro y Cuervo. Bogotá. Página web: https://www.caroycuervo.gov.co/

- Martin, Gerald. *Una vida.* Ed. Debate. 2014. 768 págs. ISBN: 9788483068168.

- Melo, Jorge Orlando. *Historia mínima de Colombia.* Ed. Turner, 2018. ISBN: 9788416714070.

- Morales Padilla, Próspero. *Los pecados de Inés Hinojosa.* Ed. Plaza & Janés Editores, S.A., 1989. 592 págs. ISBN 10: 8401322677. ISBN 13: 9788401322679.

- Ocampo López, Javier. *Historia básica de Colombia.* Ed. Plaza & Janés, 1984. Edición ilustrada.

- Ospina, William. *De La Habana a la paz.* Penguin Random House Grupo Editorial Colombia, 1 abr. 2016. ISBN: 9588931436, 9789588931432.

- Ospina, William. *En busca de Bolívar.* Ed. Planeta. 2014. 240 págs. ISBN: 9789584237149.

- Ospina, William. *Pa que se acabe la vaina.* Ed. Debate. 2014. 192 págs. ISBN: 9788499924779.

- Parques Nacionales Naturales de Colombia. Página web: http://www.parquesnacionales.gov.co/portal/es/

- *Semana.* Revista semanal. Página web: https://www.semana.com

- Serrano, Enrique. *Colombia: Historia de un olvido. Tres siglos de un pueblo que sucumbió sin apenas un grito.* Editorial Planeta Colombia. 232 páginas.

- UNESCO. Lista del Patrimonio Mundial – Colombia. http://www.unesco.org/new/fileadmin/MULTIMEDIA/FIELD/Quito/pdf/Listas_Patrimoniales_Colombia.pdf

- Vallejo, Fernando. *La virgen de los sicarios.* Editorial Punto de lectura. 128 páginas. ISBN: 9788466368506.

- Wikipedia, anexo, Patrimonio de la Humanidad en Colombia: https://es.wikipedia.org/wiki/Anexo:Patrimonio_de_la_Humanidad_en_Colombia

Columnistas colombianos recomendados que han publicado en distintos diarios o revistas:

- Marceles, Eduardo *(El Tiempo, El Espectador, El Universal).*
- Neira, Armando (*Revista Semana, La República, El Tiempo, Cambio 16, El País, El Espectador* y *Gente*).
- Ospina, William *(El Espectador, El Tiempo,* Diario *El País,* España).

Reihe «Temas básicos»

Mit unserer sich stetig erweiternden Reihe «Temas básicos» tragen wir der Nachfrage nach **didaktisch aufbereitetem Textmaterial** für den Spanischunterricht Rechnung. Zu jedem Thema gibt es ein **Textdossier und ein Lösungsheft**. Die Textdossiers zeichnen sich durch abwechslungsreiches Textmaterial in tlw. diversen Schwierigkeitsgraden sowie durch eine ansprechende Gestaltung aus. Hinzu kommen Vokabelhilfen und Wortschatz- sowie Grammatikübungen, Fragen zur kritischen Auseinandersetzung mit den Textinhalten und Anregungen für die weiterführende mündliche wie schriftliche Textproduktion.

Die Länge der Texte ist dem Zeithorizont der Unterrichtsstunden angemessen, die didaktische Bearbeitung entspricht den Erfordernissen modernen Fremdsprachenunterrichts. Die Texte können sowohl als Klausurvorbereitung als auch als Vorlage für Klausuren selbst dienen.

Chile
Daniel Saavedra Aguirre,
Montserrat Varela Navarro

México
Dinah Stratenwerth

Argentina
Malena Becerra Solá

Cuba
Bettina Hoyer,
Sebastian Landsberger

Latinos en los Estados Unidos
Dinah Stratenwerth

Perú y sus jóvenes
Susanne Schütz

Memoria histórica
Silvia Vega Ordóñez

Andalucía
Angela Cuevas Alcañiz

La mujer en España
Montserrat Varela Navarro

Madrid
Montserrat Varela Navarro

Los gitanos
Max Doppelbauer

Jóvenes españoles del siglo XXI y su sexualidad
Angela Cuevas Alcañiz